OBSERVATIONS

POUR le Sieur Jean Calas, la Dame de Cabibel, son épouse, & le Sieur Pierre Calas, leur fils.

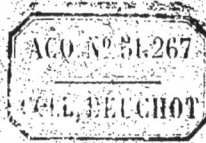

ACO N° 51.267

COLL. BEUCHOT

M. DCC. LXII.

OBSERVATIONS

POUR le Sieur Jean Calas, la Dame de Cabibel, son épouse, & le Sieur Pierre Calas, leur fils.

§. PREMIER.

Sur les nullités de la Procédure.

O N a très-bien établi dans le Mémoire de Calas combien la forme est essentielle dans la matiere criminelle ; & qui est mieux convaincu de cette importante vérité que la Cour, qui, dans ses Remontrances sur les Exilés du Parlement de Besançon, disoit que sans ces formes essentielles la punition même ne donne aucune certitude du crime ?

C'est un bruit général que la Procédure des Capitouls fourmille, pour ainsi dire, de nullités & d'autres vices encore plus essentiels ; mais les Accusés ne connoissent de cette Procédure qu'une petite partie ; ainsi les nullités déjà relevées & celles qu'on va relever ne sont pas en grand nombre, mais elles infectent les principaux Actes ; ce qui devroit suffire pour faire ordonner la cassation de l'entiere Procédure.

1°. La nullité du premier Procès-Verbal de

defcente, dans lequel on n'a obfervé aucune des formes que l'Ordonnance prefcrit, eft d'une conféquence bien dangereufe. Si le Capitoul avoit dreffé ce Verbal fur le champ & fans déplacer, & qu'il y eût rapporté exactement l'état du Corps mort, de fes habits, de fon linge, du lieu du délit, & des autres circonftances qui pouvoient fervir pour la décharge ou la conviction, on auroit aifément pu connoître fi Calas étoit mort fufpendu & s'il s'étoit fufpendu lui-même, ou s'il pouvoit être préfumé qu'il eût été pendu par d'autres perfonnes ; toutes les difficultés qu'on a fait naître fur cette queftion auroient difparu ; on auroit trouvé la corde & le billot comme on le trouva dans la fuite ; on auroit pu remettre la corde au col du Cadavre, au même endroit marqué par l'empreinte qu'elle y avoit laiffée, paffer cette corde fur le billot & pofer ce billot fur les battans de la porte. Quelle lumiere n'auroit pas réfulté de cette épreuve ?

Qui pourroit même fçavoir fi au cas que le Capitoul eût fait, comme il le devoit, une perquifition exacte dans la maifon du Sieur Calas, où il y a tant de lieux propres à fe cacher, il n'y auroit pas trouvé les Affaffins de Marc-Antoine Calas, s'il étoit vrai qu'il ne fe fût pas détruit lui-même.

2°. On a omis, dans les Mémoires qui ont été faits pour les Accufés, d'impugner de nullité l'arreftation des Accufés, leur écroue & leur Décret. C'eft un oubli ; l'Ordonnance de 1670, Titre X, Article IX, ne permet d'emprifonner, fans information précédente, que dans le cas où l'Accufé eft pris en flagrant délit, ou fur la clameur publique, &, comme l'obferve Bornier fur cet Article, on ne peut même emprifonner

fur la clameur publique s'il n'y a contre l'Accufé
des préfomptions violentes & vraifemblables, &
s'il a voulu prendre la fuite. *Si de delicto effet fama
publica & præfumptio vehemens feu veri-fimilis, &
teneatur de fugâ* : le Capitoul contrevint formelle-
ment à cette Loi, puifque les Accufés n'avoient
pas été pris en flagrant délit ; qu'il n'y avoit
point encore contr'eux de clameur publique ;
que bien loin qu'on peut préfumer qu'un Pere,
une Mere, un Frere, un Ami & une ancienne
Servante, dont la fidélité & la religion étoient
notoires, euffent fait périr Marc-Antoine Calas, tout éloignoit cette préfomption, & qu'enfin aucun d'eux n'avoit tenté de fuir.

Si, après que les Accufés eurent été traduits à
l'Hôtel-de-Ville, le bruit fe répandit parmi le
Peuple, qu'ils avoient fait mourir Marc-Antoine
Calas, ne peut-on pas croire que ce fut leur arreftation qui y donna lieu ? Ce bruit une fois répandu fit fans doute qu'on chercha la caufe qui
pouvoit avoir porté les parents du Mort à commettre ce crime ; & que, n'en trouvant pas, la
Populace attribua cet excès de fureur à la peine
qu'on prétendit qu'ils avoient de ce que Marc-
Antoine Calas devoit, difoit on, faire le lendemain une abjuration publique de la Foi Proteftante, & fa première Communion.

Ainfi il n'eft que trop apparent que, par cette démarche defavouée par la Juftice, le Capitoul a jeté la première pierre contre les Accufés,
& a excité cette clameur publique qui a déjà caufé leur ruine & mis leur vie & leur honneur en
danger. Voudra-t-on l'excufer, cette démarche,
en difant que Marc-Antoine Calas, ayant été
trouvé étranglé dans une maifon fermée, la préfomption de ce meurtre tomboit naturellement

fur les perfonnes qui étoient dans cette maifon, avec d'autant plus de raifon, que perfonne plus n'étoit accufé, même par les parens du Défunt, & qu'ainfi le Magiftrat ne fit que fon devoir en les arrêtant, fauf à leur rendre leur liberté, fi cette préfomption fe trouvoit fans fondement.

On fçait bien qu'il n'eft pas befoin d'autant de preuves pour s'affurer des Accufés que pour les condamner ; il eft des cas dans lefquels le Magiftrat peut arrêter les perfonnes d'une maifon dans laquelle on trouve un homme mort ; mais cela n'a jamais lieu que quand ces perfonnes ont la préfomption contre elles. Eft-on ici dans ce cas ? Il s'en faut bien ; un des enfans de la maifon fe trouve pendu, peut-on préfumer que le pere, la mere, le frere foient les auteurs de fa mort ? l'humanité fe révolte contre cette idée ; & c'eft la premiere fois qu'on a vu dans un pareil cas les parens du Mort mis en prévention.

Que la porte de la maifon fût fermée, quelle conféquence peut-on en tirer, s'il eft vrai que Marc-Antoine Calas fe foit pendu lui-même ? Or il conftoit au Capitoul que Marc-Antoine Calas étoit mort fufpendu, cela paroiffoit aux yeux par l'impreffion de la corde ; le Sieur Gorfe, Garçon Chirurgien, qui avoit été appellé par les parens, l'avoit auffi reconnu ; n'étoit-il pas plus naturel de préfumer que ce malheureux s'étoit détruit lui-même, que de faire fes parens auteurs de fa mort ? En fuppofant d'ailleurs que Marc-Antoine Calas ne fe fût pas donné la mort, des Affaffins, cachés dans la maifon avant que la porte ne fe fermât, n'auroient-ils pas pu la lui donner ? Marc-Antoine Calas, qui avoit quitté la Compagnie & étoit defcendu avant la fin du foupé, pouvoit encore avoir ouvert la porte de la

maison pour en sortir, & des Assassins l'avoir sur-
pris dans ce moment, l'avoir forcé de rentrer &
l'avoir étranglé.

Les parens, il est vrai, n'accusoient personne;
mais ils avoient trouvé leur fils suspendu, pouvoient-ils attribuer cette mort qu'à lui-même. Ils
ne penserent qu'à sauver sa mémoire de la peine
attachée au suicide; il n'est personne au monde
qui n'en eût agi de même.

Si, au lieu de les arrêter brusquement & de
les faire traduire en prison sans leur rien demander, sans rien entendre, le Capitoul les eût
ouïs sans déplacer, ils auroient dit peut-être,
comme ils le firent dans l'Interrogatoire d'Office
qu'on prit d'eux dans l'Hôtel-de-Ville, qu'ils
avoient trouvé Marc-Antoine Calas étranglé &
couché sur le carreau; mais si le Capitoul leur
avoit alors représenté qu'il constoit par l'inspec-
tion du Cadavre qu'il étoit mort suspendu, alors
sans doute les Calas, ne pouvant plus sauver la
mémoire de leur fils, auroient avoué, comme
ils firent dans leur Interrogatoire rendu après le
Décret, que c'étoit la vérité & qu'ils l'avoient
trouvé dans cet état. Après quoi il y a lieu de
croire que le Magistrat, au lieu d'ajoûter affliction sur affliction, en faisant conduire en prison
ces parens déjà trop malheureux d'avoir perdu
leur fils aîné par un accident si funeste, auroit
respecté leur douleur & se seroit contenté de faire enlever le Cadavre & de faire informer sur la
cause de sa mort; auquel cas, selon toutes les
apparences, les Calas n'auroient pas même été
soupçonnés.

3°. Les mêmes raisons influent sur l'écroue &
le Décret des Accusés; mais ces raisons, si elles
militent pour les Calas, le font bien plus forte-

ment encore en faveur du Sieur Lavaysse & de leur Servante. Supposons en effet que cette rumeur publique, qui accusa les Calas d'avoir fait périr leur fils & leur frere en haine de la Religion Catholique qu'il avoit embrassée ou qu'il vouloit embrasser, se fût déjà faite entendre lorsque le Capitoul fit sa descente dans leur maison : cette rumeur n'accusoit pas la Servante, ancienne & zélée Catholique, d'une dévotion exemplaire, qui confessoit & communioit toutes les semaines, & qui avoit contribué à la conversion de Louis Calas : elle n'accusoit pas non plus le jeune Lavaysse, qui n'étoit arrivé de Bordeaux que de la veille, qui n'étoit à Toulouse que parce qu'il n'avoit pu trouver aucun cheval de louage pour se rendre chez ses parens, qui ne se trouvoit chez les Calas que par occasion & parce qu'ils l'avoient retenu à souper, & qui n'avoit passé dans cette maison que deux heures & demie ou deux heures trois quarts ; pourquoi donc le Capitoul ne les distingua-t-il pas des Calas ? Pourquoi les fit-il conduire en prison ? Pourquoi furent-ils écroués ? Pourquoi furent-ils décretés ?

4°. Jusques-là cette Procédure est non seulement très-irréguliere, mais encore d'une injustice manifeste ; elle est injuste à l'égard de Lavaysse & de la Servante, contre lesquels il n'y avoit ni preuve ni présomption quelconques, & qui au contraire avoient pour eux toutes les présomptions de fait & de droit. Elle l'est encore à l'égard des Calas, qu'on a privés du secours qu'ils auroient pû tirer du témoignage de ces deux personnes, si au lieu de les impliquer dans cette accusation, ainsi qu'on l'a fait, on s'étoit contenté de prendre leurs dépositions, ainsi qu'on auroit dû le faire.

5°.

5°. La nullité du rapport du Médecin & des Chirurgiens qui furent appellés pour faire la visite du Cadavre, est fondée sur de très-bons moyens rélevés dans le Mémoire des Calas ; mais puisque le Médecin & les Chirurgiens n'ont pas été récolés & confrontés dans leur rapport, on est fondé à croire qu'il est tout à l'avantage des Accusés, c'est-à-dire, qu'il en résulte que Marc-Antoine Calas est mort suspendu , & que, selon toutes les apparences , il s'est donné lui-même la mort. S'il y avoit dans ce rapport rien de contraire à la Cause des Calas , le défaut de récolement & confrontation feroit qu'il ne pourroit point leur être opposé, ni faire à cet égard aucune preuve.

La nullité du rapport qui fut fait par le Sieur Lamarque , de l'intérieur de l'estomach du Défunt, a été établie dans le Mémoire des Calas, & on y a d'ailleurs démontré que les faits rapportés par ce Chirurgien , & les principes qu'il pose, détruisent la conclusion qu'il en a voulu tirer. Lavaysse avoit dit dans son Interrogatoire que Marc-Antoine Calas avoit mangé à son soupé un quartier de pigeon & deux grapes de raisin ; le Sieur Lamarque a trouvé dans l'estomach de Marc-Antoine Calas des morceaux de viande , dont la digestion n'étoit pas même commencée , une peau qu'il a cru être de volaille , & une quantité d'enveloppes de raisins ; on a donc trouvé dans l'estomach de Calas ce que le Sieur Lavaysse avoit dit lui avoir vu manger ; il est donc constant que Marc-Antoine Calas n'étoit pas mort avant le soupé. Cette conséquence est évidente, à moins qu'on ne veuille dire que Lavaysse avoit deviné par un esprit prophetique ce que Marc-Antoine Calas avoit dans son estomach.

B

On n'a rien dit dans le Mémoire, ni de la Plainte qui a dû être portée par le Substitut de M. le Procureur-Général, ni de l'Ordonnance qui permit d'informer. La Procédure qui a été faite porte à croire que cette Plainte & cette Ordonnance ne furent dirigées que contre les Accusés ; cependant on ne sçavoit pas si Marc-Antoine Calas ne s'étoit pas défait lui-même ; on ne sçavoit pas non plus s'il n'avoit pas été étranglé par des Assassins du dehors : c'est donc encore une irrégularité & une injustice, tant de la part des Capitouls que de la part du Substitut de M. le Procureur-Général, de n'avoir porté leurs vûes que sur les Accusés, qui sembloient devoir être exempts de tout soupçon. Il auroit falu, pour se conformer aux régles de l'ordre judiciaire, ordonner en termes vagues, qu'il seroit enquis touchant la mort de Marc-Antoine Calas ; & pourvoir de Curateur au Cadavre pour le cas y échéant défendre sa mémoire du crime de suicide.

En ne procédant que contre les Accusés dans un crime dont les auteurs n'étoient point connus, on peut avoir enhardi les Coupables à se porter pour témoins contre les Accusés, pour mieux écarter les soupçons qui auroient pû tomber sur eux-mêmes.

On n'a parlé, dans le Mémoire des Calas que de l'abus du Monitoire ; mais on y trouve encore des vices bien plus essentiels ; ce n'est qu'au défaut de preuves qu'on a recours aux Censures Ecclésiastiques : il n'y avoit donc point de preuves suffisantes contre les Accusés. Marc-Antoine Calas s'étoit-il défait lui-même ? Avoit-il été étranglé par d'autres personnes ? Quels étoient les auteurs de sa mort ? C'étoient autant de problêmes ; cependant le Monitoire n'a point de trait au suici-

de., il n'en a pas aux personnes étrangeres qui
pouvoient avoir affaſſiné Marc - Antoine Calas.
Il n'en veut qu'aux Accuſés : il indique ſeulement
ceux de la maiſon, ſon pere, ſa mere, ſon frere,
comme les principaux auteurs de ſa mort ; il fait
le détail des faits qui ſeront regardés comme des
indices ; il livre par là les Accuſés à toutes les
illuſions que peut produire le faux zéle dans des
eſprits fanatiques.

On a ſuppoſé dans le Monitoire, qu'il y avoit
eu dans une maiſon de Touloufe une Aſſemblée
de Proteſtans, dans laquelle la mort de Marc-
Antoine Calas été deliberée, & que cette Déli-
bération fut executée en le faiſant mettre à ge-
noux. Cependant dans aucune des dépoſitions,
qui lors des confrontations ont été lues aux Accuſés, on ne trouve, ni trace ni veſtige de rien de
tout cela. Queſt-ce qui peut avoir porté les Capitouls à donner cours à ces imputations ? Il faut
néceſſairement qu'elles ayent été dénoncées à la
Juſtice ; un tel Dénonciateur ſeroit bien coupable, bien puniſſable ?

En impliquant Lavayſſe & la Servante dans
l'accuſation, on avoit privé les Calas de leur
témoignage ; & par cet article du Monitoire, on
rend ſuſpect le témoignage de tous les nouveaux
convertis, dont quelques-uns auroient peut-être
expliqué le motif qui avoit jetté le deſeſpoir dans
l'ame de Marc-Antoine Calas, & l'avoit porté à
ſe détruire.

6°. Il n'a pas été fait mention dans le Monitoire des Calas, de l'Ordonnance des Capitouls,
qui permet d'inhumer le Cadavre en terre ſainte.
Cette circonſtance eſt cependant bien frappante :
l'Ordonnance étoit irreguliere, & doit être caſſée
parce que l'inhumation du corps de Marc-Antoi-

ne Calas ne pouvoit pas être permiſe, tandis qu'il étoit incertain s'il s'étoit défait lui-même, & s'il étoit mort Catholique ou Proteſtant. L'éxecution de cette Ordonnance l'eſt encore plus, n'ayant pas été autoriſée par le Parlement, qui n'avoit pu lui-même l'autoriſer qu'en jngeant le Procès principal. Les Calas ne ſe plaindroient pas de cette démarche des Capitouls, ſi elle n'avoit pu leur être fatale : mais cet Enterrement & la pompe avec laquelle il fut fait, n'ont-ils pas pu, en annonçant au Public que Marc-Antoine Calas étoit mort Catholique, & qu'il ne s'étoit pas détruit lui-même, retenir ceux qui auroient pu dépoſer des faits capables de détruire ces ſuppoſitions, & enhardir au contraire ceux qui, par un frux zélé, s'étoient perſuadés que la Religion étoit intéreſſée à la perte des Calas, à réveler comme des vérités, les fantômes de leur imagination.

Outre cela, après une telle démarche de la part des Capitouls, quel jugement les Expoſans pouvoient-ils attendre de leur juſtice? Au moins ceux qui avoient rendu cette Ordonnance, auroient-ils dû ſe récuſer lors du Jugement du Procès, & c'eſt ce qu'ils ne firent pas; ils avoient annoncé leur façon de penſer ſur les Accuſés, ils ne ſe démentirent point.

7°. Eſt-il bien vrai qu'après cet Enterrement, qui fut improuvé de tous les ſages, les Capitouls ſe tranſporterent dans la maiſon du Sieur Calas avec un homme qu'on ne nomme pas, pour vérifier ſi Marc-Antoine Calas avoit pu ſe pendre lui-même; & que d'après cet homme, ſans lumieres comme ſans état, ils publierent qu'il étoit d'impoſſibilité phiſique que Marc-Antoine Calas eût pu ſe pendre? On ne ſçauroit ajoûter foi à cette démarche. Si les Capitouls doutoient que Marc-Antoine Calas eût pu lui-même se donner la mort, ils auroient dû avant de faire enterrer le Cadavre le faire vérifier dans cet objet, par des Médecins & des Chirurgiens Anatomistes. Pouvoit-on après l'Enterrement du Cadavre porter un jugement assuré sur la cause de sa mort.

8º. On ne parle pas de la Sentence des Capitouls, le Parlement l'a cassée ; mais il ne sera pas inutile d'observer que par cette Sentence, Espallias, un des Témoins, fut décrété de prise de corps pour avoir parlé à trois Freres Tailleurs, autrement qu'il ne l'avoit fait dans sa déposition, en quoi les Capitouls agirent contre toutes les régles, car ; suivant la Doctrine de Rebuffe, en son Traité de *Reprob. & Salv. Testium*, Nº. 145, & la Jurisprudence du Parlement de Touloufe, attestée par *Aufrereus, in decis. Capel. Tolosana*, Quest. 280 ; ce que le Témoin dit hors jugement de contraire à ce qu'il a déposé, n'affoiblit pas sa déposition, & ce Témoin ne peut pas en être puni, par cette raison qu'un tel propos n'est censé avoir été tenu par le Témoin que pour complaire à ceux, devant lesquels il parloit ; & que d'ailleurs le mensonge extrajudiciaire, quand il ne nuit à personne, est bien un péché devant Dieu, mais non un délit devant les hommes.

Voilà un grand nombre de nullités qui forment autant de moyens de cassation particuliers contre les Actes où ils se trouvent ; mais il en résulte encore un moyen général, qui n'a été rélevé, dans aucun des Mémoires. Il consiste en ce que dans tous les Actes de cette Procédure, & depuis le commencement jusqu'à la fin, les Capitouls semblent avoir marqué une grande prévention contre les Calas. On est bien éloigné de penser que les fautes dans lesquels ils font tombés, ils les ayent

commifes dans aucun mauvais deffein , on doit
toujours bien préfumer des Magiftrats , tous veulent rendre juftice , tous veulent fuivre les régles ;
mais dans les appellations on ne juge pas l'intérieur des premiers Juges , on ne confidére que les
Actes de leur Procédure , qu'importe que le Juge
ait eu un cœur impartial & dégagé de prévention , s'il a agi , comme il l'auroit fait avec des
fentimens oppofés ? Qu'importe que les vices de
la Procédure doivent être attribués, non à fa mauvaife volonté , mais à fon impéritie ou à fon imprudence , fi les effets qui en refultent font également funeftes.

§. II.

Sur le Fonds.

PREMIERE OBSERVATION.

Il y a lieu de croire que la Cour, en procédant
au Jugement , après qu'elle aura vu la Procédure & entendu les Prévenus , les rangera dans deux
claffes différentes , *primo de perfonis.*

L'accufation porte directement contre les Calas ; on leur impute d'avoir comploté la mort
de Marc-Antoine Calas , leur fils & leur frere ,
& d'avoir exécuté ce complot abominable ; leur
Servante & le Sieur Lavayffe n'ont été compris
dans cette accufation que comme foupçonnés de
complicité , foupçon fondé fur ce qu'ils étoient
dans la maifon de Calas lorfque Marc-Antoine
Calas a péri.

Cette diftinction conduira fans doute la Cour
à fixer d'abord le fort de ces deux prétendus Com-
plices. Ce préalable paroit néceffaire , par deux

raiſons. La premiere, que dans l'ordre des Juge-
mens on commence par prononcer le relaxe des
Accuſés, qu'on trouve innocens : le Juge doit ſe
montrer plus empreſſé d'abſoudre que de punir.
La ſeconde, que ſi le Sieur Lavayſſe & la Servante ſont trouvés innocens, & que leur témoignage puiſſe ſervir aux Calas, ceux-ci ne
doivent pas en être privés. Que n'auroit pas à
craindre l'innocence la plus pure ſi l'Accuſateur
pouvoit, en impliquant dans l'accuſation les Témoins qui auroient pu dépoſer en faveur de l'Accuſé, rendre ſa juſtification impoſſible.

Dans l'affaire du Sieur Olivier, accuſé d'avoir
tué ſa ſœur, ſon Valet fut également accuſé
d'avoir commis ce crime. Le Maître le rejetoit
ſur le Valet & le Valet ſur le Maître. Il n'y avoit
contre l'un ni l'autre que des indices ; mais ceux
qu'on oppoſoit contre le Valet étoient très-foi-
bles ; au lieu que ceux qu'il y avoit contre le
Maître étoient très-forts. Que fit la Cour ?
Convaincue de l'innocence du Valet, elle com-
mença par le relaxer, après quoi elle le fit réſu-
mer ſur ſes interrogatoires & confronter au Sieur
Olivier, qui ſur cette dépoſition & les indices
urgens qu'il y avoit déjà contre lui, fut condamné à la roue.

Ce que la Cour fit dans cette occaſion pour
avoir la preuve du crime, pourquoi ne le fairoit-
elle pas dans celle-ci pour faire triompher l'innocence ? Y a-t-il des indices contre les Calas :
ces indices, quels qu'ils puiſſent être, demeure-
ront ſans force & diſparoîtront quand deux Témoins dignes de foi, qui ne perdirent pas de vue
les Expoſans, parleront pour leur juſtification.

Si le Sieur Lavayſſe & la Servante ſont recon-
nus innocens, ſi la Cour juge qu'ils ont été injuſ-

rement accusés, écroués & décrétés; & qu'ils
n'auroient dû paroître dans cette Procédure que
comme Témoins, une injuste accusation n'aura
pas pu changer leur état. La Justice exige par
conséquent que la Cour commence par s'occu-
per de ce point, afin que s'ils sont relaxés on ne
voye plus en eux que des témoins de ce qui
s'est passé sous leurs yeux.

Deux Mémoires ont paru pour la justification
du Sr. Lavaysse, son innocence y est mise en évidence; ses respectables parens ne s'y sont pas bor-
nés à remarquer qu'aucun Témoin ne le charge,
& à établir que toutes les circonstances de cette
malheureuse affaire démontrent qu'il n'a pu entrer dans le prétendu complot dont les Calas sont
accusés, ni avoir coopéré à son exécution; ils
ont, par un grand nombre de Certificats authentiques, constaté sa bonne éducation, ses bonnes
mœurs, la douceur de son caractére, l'avantage
qu'il a de s'être attiré l'amitié & l'estime de tous
ceux avec qui il a eu quelque relation; en un
mot, sa conduite, toujours irréprochable, toujours approuvée, depuis sa plus tendre enfance,
jusqu'au moment fatal où les Capitouls le firent
conduire avec les Calas dans les Prisons de l'Hôtel-de-Ville.

Les soins que les parens du Sieur Lavaysse ont
eu de ramasser toutes ces preuves est digne d'eux,
il leur convenoit de prouver que ce jeune homme n'est pas seulement innocent, mais qu'il est
exempt de tout soupçon; ce soin au surplus étoit
très-superflu pour sa justification; l'Accusé n'a
pas besoin de prouver son innocence; & d'ailleurs une réfléxion toute simple auroit pu suffire
pour convaincre les plus difficiles que l'accusation
intentée contre le Sieur Lavaysse est remplie d'ab-
surdité

dité & choque toute reſſemblance. Ce n'eſt pas
avec le Sieur Calas, pere, âgé de ſoixante-huit
ans, que ce jeune homme, qui, lorſqu'il partit
de Toulouſe pour aller à Bordeaux, n'en avoit que
dix-huit, avoit contracté des liaiſons ; il n'en
avoit qu'avec les enfans du Sieur Calas, principalement avec l'aîné, qui avoit fait ſes études
comme lui, & qui avoit comme lui embraſſé le
parti du commerce. Pourroit-on croire que le
Sieur Calas, pere, en lui ſuppoſant l'affreux deſſein de faire périr ſon fils aîné, eût prié le Sieur
Lavayſſe à ſouper pour l'aſſocier à ce crime ;
qu'avant ou après le ſouper il lui eut dit froide-
ment, j'ai projeté de tuer mon fils aîné, votre
ami, de l'étrangler, prêtez-moi votre ſecours ;
& qu'auſſi-tôt le Sieur Lavayſſe, ce jeune homme ſi bien élevé, ſi plein de douceur, ſi aimé, ſi
eſtimé, cédant à cette horrible priere, ait con-
couru au parricide ? Non ſans doute perſonne ne
le croit ni ne le croira.

L'innocence de la Servante ne ſe montre pas
avec moins d'éclat. Qui pouroit croire que cette
Servante, ancienne Catholique, fût entrée dans
le prétendu complot de faire mourir Marc-Antoine Calas en haine de ce qu'il avoit embraſſé
ou qu'il devoit embraſſer la Foi Catholique ? Elle eſt, cette Servante, d'autant plus à l'abri de ce
ſoupçon, qu'elle eſt non ſeulement Catholique,
mais d'une devotion exemplaire, au point qu'elle
confeſſoit & communioit chaque ſemaine ; elle
avoit communié trois ou quatre jours avant la
mort de Marc-Antoine Calas. Dira-t-on qu'il y
a de puiſſans indices contre les Calas, & qu'ils
ne peuvent pas avoir fait périr Marc-Antoine Calas, ſans que Lavaiſſe & la Servante y ayent participé, du moins par leur conſentement ? Cette

C

objection se détruit, en observant que quand même la Procédure fourniroit contre les Calas les
plus violents indices, il ne pourroit en résulter
qu'une présomption qu'ils avoient projeté de faire mourir Marc-Antoine Calas; mais que ces indices ne pourroient jamais former une présomption contre le Sieur Lavaysse & contre la Servante, que tout démontre au contraire n'être point
entrés dans ce barbare complot; ainsi puisqu'ils
avouent n'avoir pas perdu de vue les Calas, bien
loin qu'on puisse induire de cet aveu qu'ils ayent
coopéré ni consenti au meurtre de Marc-Antoine Calas, il faut nécessairement en conclurre que
ce crime n'a pas été commis par les Calas.

On ne voit donc rien qui puisse s'opposer au relaxe de ces deux Accusés. Voyons à présent si
le relaxe des Calas doit souffrir de grandes difficultés.

SECONDE OBSERVATION.

ON a vu que dans tous les Actes de leur Procédure, les Capitouls semblent ne s'être attachés,
en criminalisant les Calas, qu'à chercher les
preuves du crime qu'on leur impute, & qu'à écarter toutes celles qui auroient pû les justifier.

Marc-Antoine Calas est mort suspendu: Lavaysse & les Calas, pere & fils, l'ont vu & l'ont
ainsi déclaré dans leur Interrogatoire; on a lieu de
croire que le Médecin & les Chirurgiens l'ont aussi
reconnu dans leur rapport. L'impression de la corde annonce d'ailleurs que cet infortuné s'est détruit
lui-même, le lieu & l'heure de ce tragique événement, le genre de mort, l'état du Cadavre, celui
de ses habits, de son linge, ne permettent pas
d'attribuer cette mort à d'autres personnes; mais

cela auroit paru avec bien plus d'évidence, *si* le Capitoul avoit, sans déplacer, procedé à la visite des lieux & qu'il en eût dressé son Verbal, ainsi que l'exige l'Ordonnance de 1670; il auroit trouvé les instrumens de la mort de Marc-Antoine Calas, il auroit vu les deux battans de la porte qui communiquent de la Boutique au Magasin rapprochés de maniere que le billot, auquel la corde étoit attachée, pouvoit y tenir par les deux bouts & un corps s'y placer; il auroit aussi trouvé, selon toutes les apparences, renversée dans la Boutique la chaise dont on peut présumer que Calas s'étoit servi pour s'élever jusqu'à la hauteur des battans de la porte & y poser le billot, chaise que Calas, pere, ni les autres Accusés ne virent pas, parce que le spectacle effrayant de Calas, pendu, les empêcha de faire attention à tout autre objet; il consteroit légalement que le Cadavre fut trouvé sans meurtrissure, sans contusion, que l'impréssion de la corde remontoit des deux côtés des oreilles & se rejoignoit non au sommet de la tête, comme on l'a avancé par erreur dans le Mémoire qui a été fait pour les Calas, mais à l'*occiput* au derriere de la tête, que les cheveux de Marc-Antoine Calas n'avoient souffert aucun dérangement, que sa chemise n'étoit pas déchirée, que son habit étoit bien plié sur le comptoir, sans être déchiré ni même sali de poussiere; en un mot toutes les circonstances qui pouvoient démontrer que Marc-Antoine Calas s'étoit suspendu & qu'il s'étoit suspendu lui-même, auroient été coustatées.

Dès lors il n'auroit plus été permis de supposer, comme l'ont fait, dit-on, les Capitouls, qu'il y avoit impossibilité physique que Marc-Antoine Calas se fût suspendu lui-même: c'est cependant cette fauſſe ſuppoſition qui, plus que tout autre, a ſervi de prétexte aux ennemis des Calas pour leur imputer ſa mort.

Le rapport du Médecin & des Chirurgiens auroit encore conſtaté cette double vérité bien mieux qu'il ne peut le faire, s'ils avoient ouvert & examiné le cou, la tête & la poitrine du Cadavre.

D'autre part, ſi les Capitouls, puiſqu'ils ſoupçonnoient les Calas, avoient eu le ſoin d'examiner leur état, leur contenance, & d'en charger leur Verbal, il en réſulteroit qu'on les trouva mortellement affligés, abàtus par la douleur ; mais qu'on ne vit en eux aucune marque de ce trouble que cauſe aux plus ſcélérats un crime qu'ils viennent de commettre, & qu'ils ne virent non-plus, ni ſur leurs perſonnes ni ſur leurs habits, aucune marque qu'ils euſſent fait ni ſouffert aucune ſorte de violence.

2°. On a déja fait les refléxions qui naiſſent ſi naturellement du Monitoire, où l'on n'a pas cherché à découvrir les Coupables, mais ſeulement à trouver des preuves ou des indices à la charge des Accuſés, ſur l'impreſſion que fit & que doit faire l'enterrement du Cadavre, & ſur la prévention qui porta les Capitouls à régarder comme coupable, & à décreter un Témoin, ſous prétexte qu'il avoit parlé à des Particuliers autrement qu'il ne l'avoit fait à la Juſtice.

De tout cela réſulte cette conſéquence bien naturelle que quelques indices, quelques preuves même qu'on puiſſe trouver dans la Procédure à la charge des Calas, on ne pourra pas en conclurre qu'ils ſoient coupables.

Les formes établies par les Loix pour la pourſuite des crimes, ont un double objet. Le premier, de chercher des preuves du crime avec des pré-

cautions qui en affurent la vérité. Le fecond &
le plus effentiel fans doute, de ménager au Prévenu tout ce qui peut fervir à fa juftification :
c'eft ce qui eft bien exprimé dans l'Ordonnance
de 1670, laquelle, toute rigoureufe qu'elle eft,
veut néanmoins que les Juges dreffent Procès-
Verbal fur le champ & fans déplacer, de l'état auquel fe trouvera le Corps mort, enfemble du lieu
du délit, *& de tout ce qui peut fervir à la décharge &*
conviction.

On peint la Juftice la balance à la main. Dans
les matieres civiles, les raifons de chaque Partie
occupent un des côtés de la balance ; dans les
matieres criminelles, d'un côté font les preuves
de l'accufation, de l'autre les moyens de juftification & tout ce qui peut fervir à la défenfe naturelle de l'Accufé. Supprime-t-on cette défenfe
naturelle ? Ne met-on rien dans ce côté de balance, la Juftice n'a plus de jugement à rendre, puifque fes fonctions ne confiftent qu'à comparer &
balancer les preuves du crime avec celles de la
juftification. Le moins que les Accufés puiffent
prétendre, lorfque, comme dans ce cas, le Juge a négligé de vérifier les faits qui pourroient
fervir à leur juftification, c'eft que tous ces faits
foient regardés comme conftatés ; car feroit-il
jufte que la mauvaife difpofition, l'impéritie ou
la négligence du Juge leur ravit leur défenfe naturelle ? Or fi l'on regarde comme conftans les
faits que les Capitouls négligerent de vérifier &
dont la vérification n'eft plus poffible, il en ré-
fultera un corps de preuve, une démonftration
fupérieure à tout ce qu'il pourroit y avoir de contraire dans l'Information, que Marc - Antoine
Calas n'a pas été mis à mort par fes parens.

TROISIEME OBSERVATION.

La premiere chose à examier pour déterminer si les Calas sont coupables, est s'il conste du corps du délit : or si le Verbal des Capitouls & le rapport du Médecin & des Chirurgiens sont nuls & cassables, on pourra dire qu'il ne conste d'aucun délit ; il sera seulement établi que Marc-Antoine Calas a été trouvé mort ; mais il ne constera pas juridiquement qu'il ait péri d'une mort violente, la confession même des Accusés seroit impuissante pour cette preuve.

En regardant comme suffisamment prouvé que Marc-Antoine Calas a péri d'une mort violente, il en faut chercher les auteurs. S'est-il tué lui-même ? S'il a été tué par autrui ? Sont-ce ses parens qui l'ont mis à mort ?

La maniere dont il est péri prouve qu'il s'est détruit lui-même, il est mort suspendu ; c'est le genre de suicide le plus ordinaire ; des Assassins poignardent, étranglent même quoique plus rarement, mais ne pendent pas.

Dira-t-on qu'il a été étranglé & non suspendu ? L'impression de la corde, qui n'étoit marquée qu'à la partie antérieure du col, & qui, en remontant, se réunissoit & avoit fait une écorchure au derriere de la tête, démontre qu'il a été étranglé par suspension ; l'état ou la corde a été trouvée le prouve aussi, elle ne paroit pas avoir été tordue comme elle l'eut été si on l'avoit billoté.

Les Assassins qui l'auroient étranglé ne l'auroient pas dépouillé de son habit, qui fut trouvé plié sur le comptoir, parce que dans le dessein où il étoit de se pendre, il l'avoit quitté pour être moins gêné dans l'exécution.

A neuf heures & demie ou environ le Sieur Gorce & plusieurs Voisins trouverent le corps de Calas froid ; quand on ouvroit sa bouche elle se refermoit comme un ressort ; à ces circonstances Gorce jugea, & avec raison, qu'il étoit mort depuis environ deux heures. On a dit dans le Public que les Médecins & les Chirurgiens qui visiterent le Cadavre vers les onze heures , lui trouverent encore quelque reste de chaleur ; mais on a prouvé la nullité de ce Verbal ; d'ailleurs le plus ou le moins de chaud ou de froid, est chose respective ; ce qui paroît extrêmement froid à l'un , peut ne pas le paroître autant à un autre ; suivant les Médecins les corps conservent quelque fois un reste de chaleur cinq ou six heures après la mort ; Gorce trouva à neuf heures & demi celui de Calas assez froid pour juger qu'il étoit mort depuis près de deux heures. Il étoit donc mort peu après les huit heures : or on ne sçauroit présumer qu'à cette heure-là des Assassins eussent entrepris d'assassiner Calas dans une Boutique qui répond à la rue la plus fréquentée, & qui est entourée d'autres Boutiques.

Il y a même des Témoins qui ont déposé qu'étant à cette même heure à portée de la Boutique de Calas & d'entendre le bruit qu'on auroit pu y faire, ils n'y en entendirent point, & que tout y étoit calme.

On a opposé aux Calas que lorsque Marc-Antoine Calas fut trouvé suspendu , il ne fut point trouvé de lumiere dans le Magasin ; on a voulu en conclure que Marc-Antoine Calas ne pouvoit pas sans ce secours s'être détruit lui-même ; mais cette observation serviroit au contraire à prouver qu'autre que lui n'a pu être l'auteur de sa mort ; en effet, Marc-Antoine Calas , qui connoissoit la disposition de la Boutique & du Magasin , &

qui fans doute avoit formé, avant de fouper, le projet de fe pendre, comme le fait connoître l'attitude dans laquelle le Sieur Lavaysse le trouva en entrant dans la Chambre de la Dame Calas, affis dans un fauteuil, la tête appuyée fur le coude & fort rêveur, n'avoit pas befoin d'être éclairé pour exécuter ce deffein; mais d'autres que lui-même n'auroient pu que difficilement en venir à bout.

Enfin Calas, jeune-homme de vingt-neuf ans, ayant beaucoup de force & d'adreffe, ne fe feroit pas laiffé mettre à mort fans fe défendre, quel nombre d'affaffins n'auroit-il pas falu pour venir à bout de le pendre ? Ils n'auroient pas manqué de lui donner des coups violens à la tête & à la poitrine pour l'étoudir ; ils auroient preffé fortement fes bras pour le contenir : ces parties de fon corps auroient été couverts de contufions & de meurtriffures, & cependant il n'en fut pas trouvé une feule, fes cheveux mêmes ne parurent pas dérangés.

Un Témoin oüi dans la Continuation de l'inquifition, faite d'autorité de la Cour, a dépofé avoir vu fur le Cadavre, près de l'eftomach. Une tâche noirâtre que des Garçons Chirurgiens avoient dit être une meurtriffure ; mais outre que cette dépofition eft, dit-on, contredite par le Verbal des Capitouls & le rapport du Médecin & des Chirurgiens, & qu'elle l'eft encore par le rapport particulier du fieur Lamarque, on affure auffi qu'elle l'eft par un autre Témoin oüi dans la même Continuation, & elle pourroit l'être par d'autres Témoins, qui furent préfens lors de l'ouverture de l'eftomac. En fuppofant d'ailleurs que cette prétendue tache eut été vuë fur le corps de Calas, près de fon eftomach, pourroit-on en induire

qu'il

qu'il avoit été mis à mort par d'autres mains que
les siennes. Marc-Antoine Calas fréquentoit la
Salle d'Armes : ne pourroit-il pas avoir reçu une
botte qui lui auroit fait cette contusion.

On parle aussi d'une égratigneure sur son nez ;
mais en supposant que cela fût vrai, ne pourroit-il
pas se l'être faite en s'ajustant la corde & le billot ? Ne pourroit-elle pas aussi lui avoir été faite
après sa mort lorsque son pere voulut lui ôter la
corde, ce qu'il tenta d'abord de faire, en la voulant retirer du côté de visage, à quoi il ne peut
réussir.

Il n'y a donc rien dans la Procédure qui puisse
infirmer les preuves qui démontrent que Marc-
Antoine Calas n'a eu d'autre meurtrier que lui-
même.

Le Public ne veut pas le croire, parce qu'il
ne connoit pas la cause de son desespoir : mais
qu'il l'apprenne, & cela a été remarqué
dans un des Mémoires, qu'il est des hommes qui
se tuent sans qu'on puisse imaginer aucune raison
qui les y détermine. Qu'ils se tuent dans le sein
même du bonheur (*a*) ; qu'il apprenne que dans
quelques-uns le suicide est l'effet d'une maladie
qui ne cause pas de douleur à l'ame, un poids de
la vie qui porte l'ame à desirer de la voir finir.
C'est cette maladie que les Romains appelloient
l'ennui de vivre, *tædium vitæ* ; la Loi n'imposoit
aucune flétrissure, aucune note à la mémoire de
ceux qui s'étoient donné la mort pour se délivrer
de cet ennui ; elle laissoit même subsister la disposition qu'ils avoient faite de leur bien : *Si quis*
autem tædio vitæ, vel impatientiâ doloris alicujus,
vel alio modo vitam finierit, successorem habere An-

(a) Esprit des Loix, Chap. 12, Liv. 14.

D

tonnis refcripfit , Leg. ult. §. 4. ff. De bon. cor. qui ante Sentent.

Toute la Ville connoit d'ailleurs la dépofition de Me. Challier, Avocat en la Cour : cette dépofition indique affez la caufe du defefpoir de Marc-Antoine Calas. Ce Témoin en nommoit un autre qui en étoit également inftruit, mais qui étant nouveau Converti, ne fut pas affigné pour être ouï.

On a fait une autre objection. Il eft, dit-on, abfolument impoffible que Calas fe foit pendu lui-même. Tout ce qui a été allegué dans le Public, pour en induire cette prétendue impoffibilité, a été réfuté, anéanti dans le Mémoire des Calas, & on l'a fait pour le Public ; car pour MM. les Juges, il fuffit d'obferver que cette prétendue impoffibilité n'a été établie par aucune vérification d'Experts. La Cour ne voudra pas fans doute prendre fur elle de décider une queftion de cette nature, qui n'eft point du reffort des Magiftrats, non plus que des Jurifconfultes.

Etant établi que Marc-Antoine Calas s'eft défait lui-même, il ne peut plus être queftion de recourir à des préfomptions toujours incertaines, à des indices fouvent trompeurs, pour lui trouver des Affaffins ; mais comme la vie & l'honneur des Accufés, mis en compromis par l'horrible accufation intentée contre eux, ne permettent pas de rien négliger, on va prouver que fi Marc-Antoine Calas n'avoit pas été lui même l'auteur de fa mort, ce feroit à des étrangers, & non à fes parens qu'elle devroit être imputée.

QUATRIEME OBSERVATION.

E n fuppofant que Marc-Antoine Calas ait été

tué, le foupçon ne fçauroit tomber fur fes parens, tandis que fa mort pourroit être attribuée à des étrangers. Perfonne fans doute ne conteftera cette propofition, elle eft trop dans la nature : examinons donc fi dans ce cas on ne peut pas foupçonner des étrangers d'avoir commis ce meurtre.

Marc-Antoine Calas aimoit paffionnement le Jeu du Billard, il y paffoit conftament une partie de la journée & la foirée entiere ; on ne trouve pas toujours dans ce lieu bonne compagnie, toute forte de gens s'y raffemblent, les Filoux & les Voleurs s'y mêlent quelques fois avec les honêtes gens.

Il confte que l'après-dinée du 13 Octobre Marc-Antoine Calas alla chez plufieurs Marchands les prier de lui donner de louis d'or pour des écus ; c'étoit pour un payement qui devoit être fait par le Sieur Calas, fon pere. Il confte auffi qu'après en avoir ramaffé un certain nombre qu'il mit dans une bourfe, il alla, fuivant fa coûtume, s'amufer au Jeu du Billard, à l'enfeigne des quatre billards, d'où il ne fortit que vers les fept heures : le Marqueur pourroit dépofer, s'il ne l'a déjà fait, que Calas lui paya les fraix de quelques parties. Peut-être qu'à cette occafion, il fortit fa bourfe, & que quelqu'un de ceux qui étoient préfens vit qu'elle étoit bien garnie.

On pourroit donc foupçonner que des Voleurs, lui ayant vu cette bourfe, formerent le deffein de le voler ; que fçachant qu'il étoit dans l'ufage de fortir de fa maifon dès qu'il avoit foupé, ils s'introduifirent dans cette maifon à l'entrée de la nuit avant qu'on n'en fermât la porte, & s'y cacherent pour le furprendre lorfqu'il voudroit en fortir, ou qu'ils l'attendirent au dehors ; & que lorfqu'il ouvrit la porte pour fortir, ils fe jeterent fur

lui, & en le ménaçant de le poignarder, s'il je-
toit le moindre cri, l'obligerent de rentrer pour
leur livrer son argent. On pourroit conjecturer
aussi qu'après l'avoir forcé d'entrer dans la Boutique ou dans le Magasin, ils le fouillerent ; &
que n'ayant pas trouvé dans ses poches la bourse
où étoient les louis d'or, parce qu'il les avoit re-
mis à son pere, qui les avoit enfermés dans sa
caisse, ils voulurent l'obliger à ouvrir cette caisse, après avoir volé l'argent qu'il pouvoit avoir
sur lui ; & que Calas n'ayant pas la clef de la
caisse, ils prirent le dessein de l'ouvrir & de la
forcer ou de la rompre s'ils ne pouvoient l'ouvrir
autrement. Enfin on peut croire que, soit pour
avoir le temps de faire cette expédition, soit pour
ne pas être poursuivis à raison de ce vol, ils étran-
glerent, de la premiere corde qu'ils trouverent
dans le Magasin, le malheureux Calas qui les connoissoit. On pourroit encore conjecturer que,
pour mieux se mettre à l'abri des recherches que
ses parens pourroient faire pour découvrir les auteurs de ce crime, ils formerent, après l'avoir
étranglé & dépouillé de son habit, le dessein de
le pendre, afin qu'on pût croire qu'il s'étoit détruit lui-même ; & que ne trouvant ni cheville
ni autre chose où ils pussent attacher la corde,
ils s'aviserent de l'attacher au billot dont on se ser-
voit pour serrer les cordes des balles, & de poser
ce billot sur les battans de la porte par laquelle
on entre de la Boutique au Magasin.

Ces soupçons, tout peu fondés qu'ils sont, auroient cependant été plus vraisemblables que
ceux qu'on a eu la cruauté d'élever contre un pere, toujours présumé chérir ses enfans bien plus
que soi-même ; une mere, encore plus tendre &
bien moins audacieuse ; un frere, avec lequel le

Défunt avoit toujours vécu dans l'union la plus
étroite. Pourquoi les Capitouls, qui ont réfifté à
l'évidence du fait pour ne pas croire que Marc-
Antoine Calas s'étoit pendu lui-même, n'ont-ils
fait de pourfuites que contre fes malheureux parens ? Si c'eft une régle, dictée par les Loix & par
la raifon, que le crime ne fe préfume pas, on doit
moins préfumer un crime, d'une attrocité énorme
& fans exemple, qu'un crime ordinaire ; il falloit
donc, avant d'imaginer que Marc-Antoine Calas pouvoit avoir péri par un parricide, s'être af-
furé que ce n'étoit pas un fimple homicide qui
l'avoit privé de la vie.

Oppofera-t-on qu'il ne paroit pas que Marc-
Antoine Calas ait été volé, & que dans la Pro-
cédure aucun Témoin n'a parlé ni de vol ni de
Voleur ?

La réponfe eft prompte. S'il ne paroit pas que
Calas ait été volé, il ne paroit pas non plus qu'il
ne l'ait pas été. Le Capitoul, lors de la defcente,
n'étendit pas fes recherches jufques-là ; & fi aucun
des Témoins n'a parlé ni de vol ni des Voleurs,
leur filence peut s'attribuer à l'Ordonnance d'Enquis & au Monitoire ? Un Témoin ne peut dépofer
que des faits fur lefquels l'Information a été or-
donnée. Si au lieu de demander dans le Monitoire,
fi Marc-Antoine Calas avoit renoncé à la Religion Prétendue Reformée, s'il affiftoit aux Cérémonies de l'Eglife, s'il fe préfentoit au Sacrement de la Pénitence, s'il devoit faire fon abjuration publique, fi à caufe de ce changement de
Religion il étoit ménacé, maltraité & regardé
de mauvais œil dans fa maifon : les Capitouls
avoient demandé s'il n'étoit vrai qu'il alloit jour-
pellement au Jeu de Billard, qu'il y paffoit jour-
nellement fes foirées ; fi le 13 Octobre il n'avoit

été chez plusieurs Négocians & autres personnes
pour changer des écus en louis d'or ; s'il ne ra-
massa un certain nombre de louis ; s'il ne fut en-
suite à un Billard, où il joua & resta jusqu'à sept
heures du soir ; s'il ne parla du soin qu'il s'étoit
donné pour trouver ces louis : s'il ne les fit voir ;
quelles personnes étoient alors dans ce Jeu de Billard ; si ces mêmes persones y reparurent l'après-
soupée, & à quelle heure ; si elles étoient dans
l'usage d'y aller tous les soirs ; si à l'entrée de la
nuit on ne vit entrer dans la maison du Sieur Calas quelqu'une de ces personnes, ou d'autres qui
n'étoient pas de la maison, & qui pouvoient être
suspectes ; de quelle maniere & de quelle couleur
elles étoient habillées ; si on ne vit pas sortir quelqu'une de ces personnes de la maison de Calas,
soit avant, soit après qu'on eut trouvé Marc-Antoine Calas mort & suspendu ; si après la mort de
Calas ces personnes continuerent ou cesserent de
fréquenter le Billard, ou si elles s'absenterent de
la Ville sous des prétexte recherchés ; en un mot,
si les Capitouls n'avoient rien négligé pour découvrir ceux qui pouvoient être instruits de ce fait-
là & les mettre en même de les reveler ; le silen-
ce que tous les Témoins oüis ont gardé là dessus
pourroient former un argument contre ce soupçon : mais les Témoins ne peuvent pas s'offrir
d'eux-mêmes, s'ils le faisoient, ils se rendroient
reprochables, & aucune foi ne pourroit être ajoûtée à leur témoignage.

On doit cependant observer que ces soupçons
ne sont pas dénués de tout appui. Le bruit se répandit qu'à l'entrée de la nuit on avoit vu un homme habillé de bleu, mal mis, plus mal chauffé
& d'un regard affreux, entrer dans la maison du
Sieur Calas ; & qu'après le souper on avoit vu

auſſi un homme, portant un habit de la même
couleur, ſortir de cette maiſon : que Marc-Antoine
Calas ſe retirant vers les ſept heures du ſoir, en-
tra dans la maiſon accompagné d'un de ſes Amis ;
qu'ils s'étoient ſéparés, lorſque dans l'obſcurité
& dans le fonds de l'allée cet Ami ſe ſentit ſai-
ſir à la gorge, ce qui lui fit jeter un cri ; &
qu'alors celui qui le tenoit à la gorge, voyant
ſans doute qu'il s'étoit mépris, le laiſſa & ſe prit
à rire, pour lui faire entendre qu'il n'avoit voulu
que lui faire peur & que c'étoit un badinage, ce
qu'il fit cependant ſans ſe faire connoître & ſans
ſe nommer. Tout cela auroit mérité d'être ap-
profondi ; mais les Calas, renfermés dans une
étroite priſon, & privés de la liberté de conférer
avec perſonne, étoient hors d'état de faire ces
recherches, ils ignoroient même tous ces bruits :
& d'ailleurs la conviction qu'ils ont que Marc-
Antoine Calas s'eſt détruit lui-même leur a fait
regarder tous ces bruits, comme tant d'autres,
qui, lorſqu'on a voulu aller à leur ſource, ont
été trouvés n'avoir aucun fondemen.

CINQUIEME OBSERVATION.

QUE réſulte-t-il après tout de cette Procédure
faite contre les Calas, & qui eſt, dit-on, com-
poſée de plus de cent cinquante Témoins ?

On doit d'abord ne pas perdre de vûe le titre
de l'accuſation. Il a été prétendu que dans une
Aſſemblée tenue dans cette Ville, il avoit été ré-
ſolu que Marc-Antoine Calas ſeroit mis à mort
pour prévenir l'abjuration qu'il devoit faire après
le 13 Octobre de la Religion Prétendue & Réfor-
mée, ou pour le punir de ſon changement de Religion ; & que ce fut en exécution de cette Déli-

beration que le 13 Octobre fes parens le firent périr ; c'eft ce qu'on trouve dans les articles du Monitoire , mais , comme il a été déjà obfervé , dans le nombre des Témoins confrontés aux Accufés , pas un feul n'a parlé de cette prétendue Affemblée ; de quel œil doit - on donc regarder une accufation qui n'a d'autre fondement que cette calomnieufe fuppofition.

A la place de la Déliberation tenue dans cette prétendue Affemblée , a été fubftitué un complot de toute la famille des Calas , pour ôter la vie à Marc-Antoine Calas ; mais on a lieu de croire que ce complot n'eft pas mieux prouvé que l'Affemblée où l'on avoit fuppofé qu'avoit été prife cette déliberation criminelle.

Un homme qui fait ufage de fa raifon n'imaginera jamais qu'un pere ait formé de fang froid le deffein de tuer fon fils ; un tel pere feroit un monftre qui furpafferoit en cruauté les bêtes les plus féroces , dont il n'y en a pas une qui ne montre une tendreffe extrême pour fes petits.

La Loi 3. §. 5. ff. *De bonis eorum qui ante Sent. mortem fibi confciverunt* , contient une décifion bien remarquable , & qui fait bien connoître qu'il n'y a point de préfomption capable de faire regarder un pere comme coupable d'un fi grand forfait. Les Loix Romaines , quand un Prévenu venoit à fe détruire avant le Jugement du Procès , le regardoient comme fuffifamment convaincu par cette action du crime dont il étoit accufé ; & en conféquence elles condamnoient fa mémoire , & déclaroient fes biens acquis au Fifc. Mais un pere qui étoit accufé d'avoir tué fon fils , s'étant lui-même donné la mort , le Jurifconfulte décida , dans le Paragraphe qu'on vient de citer , que le Procès ne devoit pas être fait à fa mémoire , étant à présumer que ce pere n'avoit été porté à se détruire lui-même que par la douleur d'avoir perdu son fils, & non par aucun remords ou pour se dérober au supplice qu'auroit mérité le crime incroyable pour lequel il avoit été mis en prévention : *Videri autem & patrem qui sibi manus intulisset, quod videretur filium suum occidisse, magis dolore filii amissi mortem sibi irrogasse, & ideo bona ejus non esse publicanda.*

Qu'on considére d'ailleurs l'âge du Sieur Calas, sa profession, la maniere dont il a vécu; le commerce ne porte pas à la cruauté, le Sieur Calas aimoit tendrement tous ses enfans, & son fils aîné avoit la plus grande partie à son affection ; il n'avoit jamais été accusé du moindre délit. Seroit-ce à l'âge de soixante-huit ans qu'il se feroit porté tout d'un coup au plus atroce des crimes ?

En supposant qu'il en eût formé le dessein, comment auroit-il pu y faire entrer la Dame son épouse ? La tendresse d'une mere pour ses enfans est encore plus forte que celle des peres, celle que la Dame Calas avoit pour son fils aîné étoit extrême.

Comment encore le Sieur Calas auroit-il pu faire entrer dans ce barbare complot Pierre Calas, son second fils ? Celui-ci n'auroit-il pas eu lieu de craindre qu'un pere si barbare ne vint quelque jour à le traiter avec la même inhumanité, & à lui faire subir le même fort ?

Par quelle voye le Sieur Calas seroit-il parvenu à faire passer ses fureurs dans l'ame d'une Servante, qui avoit vu naître dans sa maison la plûpart de ses enfans ; ancienne & zélée Catholique, & qui n'avoit pas peu contribué à la conversion de Louis Calas, son troisiéme fils ?

E

Comment encore auroit-il pu dans un inftant
corrompre le cœur du Sieur Lavaysse, d'un enfant si bien né, en faire un Scélérat?

Concluons de tout cela que ce prétendu complot est de toutes les fables la plus mal controu-
vée, la calomnie la plus atroce & la plus dénuée d'apparence?

Pour donner quelque vraisemblance à cet incroyable complot, on a voulu faire entendre que
les Accufés n'avoient fait, en tuant Marc-Antoine Calas, que mettre en pratique les leçons de
Calvin; à qui l'on impute d'avoir enfeigné dans
fon principal Ouvrage, l'Inftitution chrétienne,
qu'un pere pouvoit punir de mort fes enfans s'il
abandonnoit la Religion dans laquelle il les avoit
élevés; on n'a pas craint d'affurer que Geneve eft
infectée de cette pernicieufe erreur, & que les
Miniftres de cette Réligion, qui ont pénétré en
France, la répandent parmi leurs Sectateurs. Mais
c'eft vouloir accréditer une calomnie par une fuppofition également odieufe & infoutenable.

Non-feulement Calvin n'enfeigna jamais, ainfi que Me. Sudre l'a très-bien obfervé dans fon
Mémoire pour les Calas, qu'il fût permis aux peres de punir de mort leurs enfans qui changeoient
de Religion; il a au contraire très fortement établi que l'homicide eft défendu par la Loi Divine
à tous les particuliers, & que le droit de glaive
n'a été confié qu'aux feuls Magiftrats. Voici fes
propres termes : « mais ici fe meut une queftion
» haute & difficile, fçavoir, s'il eft point défen-
» du à tous les Chrétiens d'occir; car fi Dieu par
» fa Loi le défend, & fi le Prophète, prédit de
» l'Eglife de Dieu qu'en icelle on n'affligera point
» & ne feront mal à aucun, comment peuvent
» les Magiftrats, fans offenfe de piété, afpendre

» le sang humain. Mais d'autre part, si nous en-
» tendons que le Magistrat ne fait rien de soi,
» ains que seulement il exécute le jugement mê-
» me de Dieu, ce scrupule ne nous empêchera
» pas fort.

On a rapporté dans le Mémoire des Calas des
preuves bien authentiques de la Morale des Protestans : elles sont tirées d'un Sermon d'un de
leurs plus célèbres Prédicateurs, de leur Liturgie
imprimée en 1759, & d'un Livre intitulé, Né-
cessité du Culte public, imprimé en 1747.

A ces preuves on peut en joindre une autre qui
exprime encore plus disertement le droit des peres sur leurs enfans pour ce qui concerne la Religion : on le trouve dans un Livre intitulé, *Ques-
tions sur la tolérance*, imprimé à Geneve en 1758,
Partie 1, Chap 7, pag. 18. L'Auteur, après y
avoir posé ses principes en cette matiere, en tire
cette conséquence : *ainsi un pere n'a pas plus de
droit de persécuter ses enfans, de les forcer à être de
sa Religion, que les enfans leur pere ; un Maître,
que ses Domestiques ; un mari, que sa femme »*
» &c.

Cet Auteur porte ses principes si loin, qu'il ne
fait pas de difficulté, dans le Chap. 10, de mettre au rang des persécuteurs & des infracteurs du
droit des gens les peres, les Maîtres, les maris
qui, sans user d'une contrainte formelle pour
faire adopter leurs opinions, témoignent de la
haine, du mépris, de l'aversion, quand on ne
veut pas les adopter.

Le complot dont on accuse la famille des
Calas est par conséquent non-seulement dénué
de preuves ; mais encore la supposition dont on
a voulu se servir pour lui donner de la vraisemblance, n'est qu'une calomnie démontrée.

E ij

Et bien, nous dira-t-on, on aura, fi vous vou-
lez, adopté trop légerement l'idée de ce complot; on aura auffi imputé avec trop d'imprudence aux Prétendus Réformés, l'affreufe doctrine
qu'un pere peut tuer fon fils qui change de Religion, mai le fanatifme ne peut-il pas s'être em-
paré des Calas & les avoir portés à ce crime horrible ?

Il eft vrai que le fanatifme n'eft que trop capable de déchirer les plus tendres liens de la nature & de la fociété, & de déguifer le crime en
Acte de Religion; mais on ne préfume pas le fanatifme, il faut le prouver. Trouve-t-on cette
preuve dans l'Information ?

SIXIEME OBSERVATION.

QUE réfulte-t-il de cette immenfe Procédure, qui eft, dit-on, compofée de cent-cinquan-
te Témoins ? Le peu qu'on en fçait fait dumoins
connoître qu'elle ne contient aucune preuve contre les Calas, c'eft-à-dire qu'il n'y a point de Témoins qui les *ait vus* porter leurs mains parricides
fur Marc-Antoine Calas. Tout fe réduit à quelques indices prétendus.

Mais quoi, des indices pour conftater un parricide ? La differtation faite dans le Mémoire des
Calas fur le peu de foi que méritent ces indices,
ne laiffe rien à defirer fur ce fujet; mais la Cour,
qui ne s'offenfe pas, qui aime même qu'on lui
rappelle les principes qui doivent lui fervir de
guide dans fes Arrêts, permettra qu'en lui rap-
pellant ce trait du Capitulaire de Charlemagne,
qui ne permet pas aux Juges de décider de la vie
des hommes fur des préfomptions, & qui veut
qu'ils ne jugent que fur des preuves certaines, on

lui repréfente que cette Ordonnance, émanée
d'un de nos plus grands Rois, faite dans une Affemblée de la Nation, & à laquelle on ne trouve
pas qu'il ait été dérogé par aucune Ordonnance
poftérieure, eft une Loi irréfragable dont MM.
les Juges, qui font Miniftres de la Loi, qui font
prépofés pour la faire exécuter, ne fçauroient
s'écarter dans leur Jugement.

Si la régle établie, fi fortement recommandée
dans ce Capitulaire, eft, comme on n'en peut
douter, une régle générale, qui doit être obfervée toutes les fois qu'il s'agit d'un crime qui peut
mériter une peine capitale; à plus forte raifon
doit-elle être obfervée cette régle lorfqu'il s'agit
d'un crime tel que le parricide, qui révolte fi fort
la nature qu'il n'en eft point d'exemple.

C'eft même ce qui eft décidé en des termes bien
forts dans le Droit Romain; le Droit commun
de cette Province, devenu par la profonde fageffe de fes décifions, pour ainfi dire, le Droit
commun du Royaume, ou mieux encore de l'Europe entiere, dans tous les cas où la coûtume des
Lieux fe tait. On a parlé ci-deffus du §. 5 de la
Loi 3, ff. De bon. cor. qui ante Senten. &c. Suivant
ce Paragraphe les Loix qui veulent que les Accufés d'un crime capital, qui préviennent le Jugement, en fe donnant eux - mêmes la mort,
foient reputés coupables du crime pour lequel ils
avoient été mis en prévention, n'ont pas lieu à
l'égard d'un pere accufé du meurtre de fon fils.
Voilà par conféquent une Loi formelle, qui dé-
cide que les préfomptions même, expreffement
autorifées par les Loix, præfomptiones Juris, préfomptions qui ne peuvent être emportées que par
une preuve contraire, ne peuvent rien cependant
contre la préfomption puifée dans la nature, qui

milite en faveur d'un pere accusé d'avoir fait périr son fils. Si la présomption, prise de la piété paternelle, prévaut sur les présomptions de Droit,
avec combien plus d'avantage doit-elle prévaloir
sur des indices, des présomptions purement arbitraires.

Les présomptions, les conjectures, quelques
multipliées qu'elles puissent être, seront toujours
impuissantes, on ne dit pas pour prouver, mais
même pour faire présumer qu'un pere & une mere
ayent tué leur fils; l'affection & l'amour que la nature a mis dans leur cœur envers leurs enfans, forment en leur faveur une présomption supérieure à
toutes les présomptions, à tous les indices qui
sembleroient les accuser. La force de cette présomption naturelle ne peut être balancée que par
une preuve absolue & parfaite. Pour rendre croyable un crime de cette énormité, il faut avoir vu
ce pere dénaturé porter sur son fils sa main parricide : *Respersas manus sanguine filii, Judices vi-
deant oportet, si tantum facinus tam immane credi-
turi sint (a).*

Voyons cependant quels sont ces indices, & de
quel poids ils pourroient être dans le cas d'une accusation où les indices pourroient servir de fondement à la conviction des Accusés.

1°. Certains Témoins parlent des menaces &
des prétendus mauvais traitemens faits par le
Sieur Calas, pere, à Louis Cals, son plus jeune
fils, quand ce fils voulut embrasser la Religion
Catholique ; mais quelle foi peut-on ajoûter à
des Témoins, qui en cela déposent d'un fait sur
lequel il n'y avoit ni plainte ni permission d'informer, dont aucun n'a osé dire avoir vu ou en-

(a) *Cicer. pro Sexto Roscio Amerino.*

tendu le Sieur Calas menacer ou maltraiter Louis
Calas, son fils. Qui parlent de ces menaces &
de ces mauvais traitemens ? Les uns , sans expli-
quer de quelle maniere ils en ont eu connoissance ; les autres , sur la foi de ce qu'ils prétendent
leur avoir été raconté par Louis Calas lui-même. Louis Calas a nié fortement , comme faux
& calomnieux les mauvais propos qu'on lui attri-
bue ; d'ailleurs , les eut - il tenus , pourroit-il en
être cru ? Pourroit-il même être reçu à déposer
contre son pere ?

On peut croire que le pere & la mere de Louis
Calas ne le virent pas , sans quelque peine , dé-
serter leur Religion ; ce sentiment est trop naturel ; peut-être qu'en pareil cas des peres ou des
meres Catoliques , après avoir inutilement em-
ployé la voye de l'instruction , en viendroient à
des menaces ; peut-être même à des mauvais traitemens ; en concluroit-on qu'ils seroient capables
de donner la mort à leur fils s'ils ne pouvoient le
retirer de son égarement ? On s'en rapporte aux
cœurs catholiques , & sur tout aux cœurs des peres ; qu'ils s'examinent. Tous frémiront à cette
barbare conséquence , tous la rejeteront avec
horreur. L'équité nous permet-elle de supposer
d'autres sentimens dans les Protestans ? Ne leur
devons-nous pas la même justice ? Leurs cœurs
sont-ils d'une autre trempe que les notres , ou
leur Religion a-t-elle détruit en eux ce sentiment,
de tous le plus naturel ; cette affection qu'aucune
autre n'égale , l'amour des peres envers leurs enfans ? Sont-ils plus intolérans que nous ? Leur
zéle est-il plus ardent ; ou , s'il est permis de le
dire , plus rigoureux que le notre contre les non
conformistes ? Nos Théologiens , nos Contro-
versistes ne leur reprochent-ils pas au contraire

une tolérance exceſſive qui approche de l'indiffé-
rence ? N'écoutons donc que la voix de la nature,
elle nous crie qu'un pere aime ſes enfans bien
plus qu'il ne s'aime lui-même, qu'il ſacrifieroit
ſa vie pour conſerver la leur ; & que les châtimens, ſi quelque fois il en exerce envers eux , il
ne les employe que pour les corriger, les rendre
meilleurs !

D'ailleurs on ne voit pas que le Sieur Calas ni
ſon épouſe ayent jamais maltraité Louis Calas
pour l'empêcher de changer de Religion, ni pour
le punir d'en avoir changé ; ainſi, bien loin que la
maniere dont ils en ont uſé envers ce fils puiſſe
faire penſer qu'ils pourroient être capables d'avoir
tué leur fils aîné , en haine de ſon prétendu changement de Religion, cet exemple parle hautement en leur faveur : il ſemble que la providence
le leur ait ménagé pour leur juſtification.

On ne s'étend pas d'avantage ſur ces dépoſitions déjà débattues dans le détail, & avec le
plus grand ſoin dans le Mémoire des Calas.

2°. D'autres Témoins ont dépoſé ; les uns,
avoir vu Marc-Antoine Calas aſſiſter à la Meſſe ;
d'autres l'avoir vu à des Proceſſions ou à la ſuite
du Saint Sacrement ; d'autres viſiter les Corps
Saints qui repoſent dans l'Egliſe de Saint Sernin,
& y prier au pié d'une croix ; on a prouvé dans
le Mémoire des Calas que ces ſignes de la prétendue converſion de Marc - Antoine Calas étoient
du moins très-équivoque ; on peut aſſurer que ce
n'étoit que des apparences fauſſes & trompeu-
ſes, & cela ſur un témoignage qui doit prévaloir
ſur tous les autres, les rend tous inutiles & écar-
te tout ſujet de doute là-deſſus. Les Capitouls
avoient négligé de faire aſſigner en témoin le
Sieur Curé de Saint Etienne, qui auroit dû cependant

dant connoître mieux que tout autre les sentimens
de Marc-Antoine Calas, son Paroissien, sur la
Religion, s'il étoit vrai que Marc-Antoine Calas soit en effet Catholique ; les Calas ont été obli-
gés de lui faire signifier un Acte pour le prier de
déclarer ce qu'il en sçavoit. On voit par sa ré-
ponse à cet Acte, qu'il y a environ dix-huit mois
que Marc-Antoine Calas, qui étudioit en Droit,
ayant besoin d'un Certificat de Catholicité pour
être reçu à faire son Acte de Licence, vint le lui
demander ; que le Sieur Curé ayant appris par
un de ses Domestiques que Marc-Antoine Calas
étoit né de parens nouveaux convertis, & n'ayant
pas vu d'ailleurs qu'il se fut présenté à la Sainte
Table au temps de Pâques, lui fit divers interro-
gats, & entre autres s'il n'avoit pas un Confesseur ; à quoi Calas ayant répondu en avoir un,
le Sieur Curé voulut exiger que Calas lui rappor-
tât un Certificat de son Confesseur, qui fit foi de
ses sentimens ; que Calas lui promit de le faire,
mais que depuis ce temps-là le Sieur Curé ne l'a
plus vu ni n'a entendu parler de lui.

Quel doute pourroit tenir contre cette preuve ;
on ne suspectera pas sans doute la sincerité de M.
le Curé de Saint Étienne, sa probité est trop bien
établie ; ce Pasteur, non moins éclairé que pieux,
ne s'informa pas, lorsque Calas lui demandoit
un Certificat de Catholicité, s'il avoit entendu la
Messe les jours de Dimanche, si quelques fois il
avoit suivi le Saint Sacrement, s'il avoit visité
les Corps Saints ; mais il lui demanda s'il avoit
participé aux Saints Mystéres, s'il avoit un Confesseur ; comme les seules marques auxquelles on
peut connoître le vrai Catholique, la pierre de
touche, qui pouvoit distinguer la pureté de sa
Foi d'une croyance héterodoxe.

F

Qu'importe donc que depuis cette époque Marc-Antoine Calas ait continué d'affister quelque fois à la Messe & à d'autres cérémonies de l'Eglise; s'il n'a jamais eu de Confesseur, s'il n'a jamais participé aux Sacremens : ses autres démarches ne le feront pas regarder comme Catholique, il vouloit le paroître, mais il ne l'étoit pas.

Veut-on suppofer que Marc-Antoine Calas n'ait pas ufé de fimulation ? On en pourra conclurre qu'il balançoit entre les deux Religions : que dans cette incertitude il faifoit dans les Eglifes, en public, ces actes peu décififs de la Religion Catholique, tandis que dans la maifon de fon pere & dans fa famille il faifoit les exercices de la Religion Proteftante ; mais on ne pourra pas affurer qu'il eut abandonné la Religion Proteftante pour fe ranger à la Catholique, puifqu'il ne s'eft trouvé perfonne qui l'ait inftruit, aucun Prêtre qui l'ait confeffé, qu'on ne lui a trouvé non plus ni Heures, ni Chapelet, ni Cathéchifme, ni aucun Livre de Religion ou controverfe, où il ait pu s'inftruire lui-même, & qu'on ne l'a jamais vu s'approcher des Sacremens.

Ces apparences de catholicité remontent d'ailleurs, fuivant les Témoins, au-delà de trois ans ; on ne peut donc pas les regarder comme la caufe de fa mort. Il faudroit dumoins, pour que l'accufation eût quelque couleur ; en premier lieu, qu'il parut que Marc-Antoine Calas eût fait depuis peu de jours quelque acte de catholicité plus authentique & plus décifif que ceux qu'il faifoit depuis fi long-temps ; car il faudroit une nouvelle caufe pour produire un nouvel effet. En fecond lieu, que cet acte fût venu à la connoiffance de fes parens. En troifiéme lieu, qu'il fût bien prouvé que cet acte eût répandu un excès de fureur & de fanatisme dans l'ame de ses parens. Aussi ceux qui ont intenté contre eux cette étonnante accusation, qu'ils ont fait périr leur fils en haine de son changement de Religion, ont supposé que le lendemain de sa mort il devoit abjurer publiquement le Protestanisme, faire sa premiere Communion, & que ce fut là-dessus que ses parens formerent le dessein de lui ôter la vie.

Mais nulle preuve que Marc-Antoine Calas ait fait dans ce dernier temps d'autres démarches que celles qu'on lui a vû faire depuis deux ou trois ans. A la vérité le Sieur Gorce & la Demoiselle Pouchelon ont déposé avoir oüi dire que Marc-Antoine Calas devoit faire son abjuration le 14 Octobre; & une Couturiere, native de Besiers, a osé avancer que Marc-Antoine Calas le lui avoit dit aussi, le 12 du même mois, veille de sa mort, en la priant de n'en rien dire, parce que si on le sçavoit il seroit. . . . . Les dépositions du Sieur Gorce & de la Demoiselle Pouchelon ne sont rien, *auditus alieni Testimonium reprobatur* (a) ; tout se réduit donc au témoignage unique de la Dolmiere. Mais que peut faire une déposition unique ? *Unus Testis nullus Testis* ; d'ailleurs ce Témoin singulier est manifestement indigne de foi. Cathérine Dolmiere a déposé, comme nouvellement convertie, & il est prouvé par un Certificat authentique qu'elle est née de parens anciens Catholiques; l'expression sâlle qu'elle employe dans sa déposition fait présumer que ses mœurs ne sont pas plus pures que son langage. Cette expression, qu'elle prête à Marc-Antoine Calas, seroit-elle sortie d'une bouche qui se seroit préparée à faire

(a) Rebuffe, *de reprobat. Testim.* N°. 51.

deux jours après , profeſſion publique de la Religion Catolique & à recevoir ſon Créateur ? Eſt-il
d'ailleurs croyable que Marc-Antoine Calas eût
fait cette confidence à une femme telle que la
Dolmiere, qu'il ne connoiſſoit pas, & qu'il n'en
eût rien dit à aucun de tant de Catholiques avec
leſquels il avoit des liaiſons intimes ; qu'il n'en
eût même rien dit à aucun Eccléſiaſtique ; car ce
fait n'a été révélé que par la Dolmiere ? Seroit-
elle la ſeule qui eût reſpecté , qui eût craint les
Cenſures de l'Egliſe.

Ce n'eſt pas tout, le Sieur Calas n'auroit pu
faire ſon abjuration ni ſa premiere Communion
que dans l'Egliſe de ſa Paroiſſe. Pour les Néo-
phytes, la premiere Communion , en quelque
temps qu'ils y ſoient admis, eſt une Communion
Paſchale ; le Curé lui ſeul peut la donner à ſes
Paroiſſiens. Si le Sieur Calas avoit dû faire ſon
abjuration & être admis à la Sainte Table le 14.
Octobre, ſon Curé en auroit néceſſairement été
inſtruit, cependant il conſte par ſa déclaration
qu'il n'en a rien ſçu.

C'eſt donc une fable que tout ce qui a été dit
de cette réſolution de Marc-Antoine Calas, d'abjurer la Religion Proteſtante.

Ce deſſein de Marc-Antoine Calas fut-il auſſi
réel qu'il eſt imaginaire, où ſeroit la preuve
qu'il ſoit venu aux oreilles de ſes parens ? Aucun
Témoin ne l'a dit : la dépoſition même de la Dolmiere, ſi quelque foi pouvoit y être ajoûtée ,
prouveroit que Marc-Antoine Calas le leur ca-
choit avec ſoin & qu'ils n'en avoient aucun ſoupçon ; & d'autres Témoins dépoſent que Pierre
Calas, ſon frere, le tenoit pour Proteſtant peu
de jours avant ſa mort.

S'il n'eſt pas prouvé que Marc-Antoine Calas

ait voulu abjurer sa Religion; s'il l'est encore moins que ce changement soit venu à la connoissance de ses parens, l'accusation intentée contre eux tombe nécessairement, avec le faux prétexte qui en faisoit le fondement.

3°. On ne connoit que deux Témoins, dont les dépositions puissent être employées pour en induire que le Sieur Calas eût conçu le dessein de faire mourir son fils. La nommée Couderc, Associée de la Danduze, a déposé qu'étant entrée dans le Magasin du Sieur Calas, à sept heures du matin, quinze jours avant la mort de Marc-Antoine Calas, elle vit le Sieur Calas, pere, dans son Magasin, tenant son fils au colet, & lui disant, il ne t'en coutera rien que la vie; ou bien, si tu ne change pas, je te servirai de Bourreau. Le Sieur Bergerot, en passant devant la maison de Calas, vers le milieu de la semaine qui précéda celle dans laquelle mourut Marc – Antoine Calas, vit, dit-il, le pere se promenant dans la Boutique avec un homme habillé de gris, ayant un chapeau bordé, & il lui entendit dire à cet homme, *s'il change,* ou *s'il ne change, je le tuerai.*

Le Sieur Calas a soûtenu que ces deux dépositions sont très-fausses ; mais quand elles seroient véritables, qu'en resulteroit-il ? Le Sieur Calas, pere, aura été vu tenant son fils au colet dans son Magasin, & lui disant qu'il lui en couteroit la vie. Conclura-t-on de là qu'il le menaçoit de le tuer, s'il changeoit de Religion ? Ne pouvoit-il pas avoir d'autres sujets de mécontentement contre son fils ? N'en avoit-il pas même en effet ? Le Sieur Calas a dit dans son Interrogatoire, que peu de jours avant la mort de son fils, il lui avoit fait, non dans la Boutique, non dans le Maga-

fin, mais dans l'intérieur de sa maison, en pré-
sence de sa Famille, une assez vive mercuriale
sur son attachement au Jeu du Billard, qui pouvoit le mener à quelque chose de pis. Seroit-il
extraordinaire que ce même sujet eût pû le porter à le menacer & à lui dire, le tenant au colet,
il ne t'en coûtera que la vie, ou bien, *si tu ne change, tu n'auras d'autre Bourreau que moi*? Oppose-
ra-t-on qu'un si mince sujet ne pouvoit pas donner lieu à une si rude menace? Un pere qui re-
prend son fils, qui veut le corriger d'une mau-
vaise habitude, mesure-t-il toujours ses termes?
Est-il quelqu'un qui n'ait plusieurs fois entendu
des peres ou meres faire de pareilles menaces à
leurs enfans, ou des Maîtres à leurs Domestiques,
pour des causes encore plus légéres? Ces paroles,
je te tuerai, je t'étoufferai, ne doivent pas, dans ces
occasions, être prises à la rigueur; les personnes,
à qui elles échapent, ne pensent à rien moins qu'à
tuer celle à qui elles s'addressent. Après tout, on
ne peut prendre la déposition de ce Témoin que
telle qu'elle est; ni par conséquent y ajoûter que
le Sieur Calas faisoit ces menaces à son fils à l'occasion de son prétendu changement de Religion,
puisque le Témoin ne le dit pas.

On peut même observer que, si le Sieur Calas
avoit dit à son fils, si tu ne changes tu n'auras
d'autre Bourreau que moi: cette menace ne sçauroit se rapporter au changement de Religion:
car dans cette supposition le Sieur Calas n'auroit
point dit, si tu ne changes, mais il auroit dit au
contraire, si tu changes.

Il en est de même de la déposition de Bergerot: avec cette différence que, suivant celui-ci,
le Sieur Calas parloit à un inconnu auquel il disoit, s'il change ou s'il ne change je le tuerai; &

qu'on ne voit pas si c'étoit de son fils aîné qu'il parloit, ou de quelqu'autre personne dont il eût à se plaindre.

Dans le public on a supposé que, dans l'une ou l'autre de ces dépositions, il étoit porté que le Sieur Calas avoit dit à son fils que, s'il changeoit de Religion, il ne mourroit que de sa main; mais, en le supposant ainsi, ce seroit un témoignage unique qui ne fairoit point de foi : d'ailleurs, à le suivre ce témoignage, le Sieur Calas n'auroit pû penser à punir son fils des actes non équivoques de Catholicité qu'il pouvoit avoir fait jusqu'alors ; ses menaces n'auroient eu d'autre objet que l'abjuration formelle, qu'on a prétendu que Marc-Antoine Calas s'étoit proposé de faire, & qui pouvoit seule en effet constater sa conversion ; ces menaces, suivant cette déposition, qui ne pourroit être scindée, ne devoient être effectuées qu'après que Marc-Antoine Calas auroit consommé son dessein, en embrassant publiquement la Religion Catholique. Ainsi, Marc-Antoine Calas n'ayant pas fait, n'ayant pas dû faire cette abjuration, sa mort ne sçauroit être regardée comme la suite & l'exécution de ces menaces. On ne fait cette observation que par un excès de précaution ; car les Calas ne se rappellent point qu'il leur ait été confronté d'autres Témoins qui parlent des prétendues menaces faites à Marc-Antoine Calas par le Sieur Calas, son pere, que les deux Témoins dont on vient de parler, moins encore que ni l'un ni l'autre de ces Témoins ayant attribué ces menaces au changement de Religion.

On peut ajoûter que ces deux dépositions s'infirment, se contredisent l'une l'autre ; qu'on ne doit conséquemment y avoir aucun égard. La

Dolmiere a dit tenir de Marc-Antoine Calas qu'il devoit faire son abjuration le 14 ; que si ses parens le sçavoient, il étoit. . . Par là donc il est évident que le Sieur Calas, pere, ignoroit cette prétendue abjuration future le 12 ; & que s'il menaçoit son fils aîné quelques jours avant le 12, ce n'étoit pas à raison de cette abjuration. Si au contraire on suppose que les menaces faites à Marc-Antoine Calas ayent été occasionnées par le changement de Religion, la déposition de la Dolmiere sera évidemment fausse : Marc-Antoine Calas, menacé avant le 12 d'être mis à mort s'il venoit à changer de Religion, auroit-il été avertir la Dolmiere de ce changement, lui dire que ses parens l'ignoroient, & qu'il étoit perdu s'ils venoient à le sçavoir.

Seroit-il même croyable que le Sieur Calas eût choisi son Magasin ou sa Boutique pour faire publiquement à son fils des menaces sur son prétendu changement de Religion ? Si ceux qui forgent ces impostures ont si peu de respect pour la vérité, ils devroient du moins ménager les vraisemblances.

A ces dépositions vagues, qui tombent sur des prétendues menaces, parties de la bouche du Sieur Calas, pere, il faut joindre celle de Louis Cazeres. Ce Témoin a déclaré qu'un jour du mois d'Août dernier, le Sieur Pierre Calas, étant entré dans la Boutique de Bou, Tailleur, où ce Témoin travailloit en qualité de Garçon, dit à la Demoiselle Bou qu'il avoit deux freres qui pensoient comme lui ; que s'il sçavoit qu'ils voulussent changer de Religion, il seroit en état de les poignarder ; & que s'il avoit été à la place de son pere, lorsque Louis Calas se fit Catholique, il l'auroit fait mourir. On a relevé dans le Mé-

moire

moire des Calas plusieurs circonstances qui démontrent, non-seulement le défaut de vraisemblance, mais même le faux de cette déposition. Il est revenu aux Calas que la Demoiselle Bou, à laquelle, suivant ce Témoin, Pierre Calas tenoit ce discours, devoit être assignée pour être ouïe : en ce cas elle aura sans doute rendu justice à la vérité ; & sa déposition confondra le misérable Cazeres, le couvrira de honte.

Il y a, dit-on, encore une autre déposition qui impute à Pierre Calas quelqu'autre jactance à peu-près semblable ; mais on ignore ce que c'est, apparemment que l'une ne mérite pas plus de foi que l'autre : la vraisemblance du moins n'y est pas mieux ménagée, c'est toujours dans quelque Boutique, toujours à des personnes avec lesquelles il n'avoit aucune liaison, qu'on veut que Pierre Calas ait parlé avec tant d'imprudence ; qu'est-ce qui induisoit Pierre Calas à tenir de pareils propos ?

Chacun de ces Témoins dépose d'ailleurs de faits différens, de sorte que chacun d'eux est un Témoin singulier. On ajoute que l'un de ces Témoins, ayant été reproché à cause de la haine mortelle qu'il avoit pour les Prétendus Réformés, ne fit pas difficulté de convenir de la vérité du reproche ; on ne peut guère révoquer en doute que si les Accusés s'étoient avisés de le proposer contre les autres Témoins, la plûpart ne se fussent fait une gloire de faire le même aveu. Quoiqu'il en soit, le Témoin à qui ce reproche a été fait, ne peut mériter d'en être cru : il n'est point de reproche plus pertinent que celui qui est pris de l'inimitié, & il n'est point d'inimitié plus forte, plus capable de porter aux plus grands excès, que celle qui a son fondement dans la différence du culte ; car c'est là pur fanatisme.

4°. Il reste à examiner les dépositions qui roulent sur les circonstances de la mort de Marc-Antoine Calas.

Popis, Garçon Passementier du Sieur Maison, a déposé qu'à neuf heures & demie du soir il entendit de son Attelier, qui est au second étage, une voix épouvantable qui crioit, *au Voleur, on m'assassine*, mais qu'il ne reconnut pas cette voix ; * qu'un moment après il vit un Jeune Homme, en chapeau bordé & en épée, sortir de la maison du Sieur Calas.

Marie Rey, Servante du Sr. Ducassou, Marchand Pelletier, prétend aussi qu'à la même heure, étant au second appartement, où elle couchoit un enfant, elle entendit une voix, venant de la maison du Sieur Calas, qui crioit aussi, *au Voleur, à l'Assassin*.

La Demoiselle Pouchelon a pareillement déposé qu'à la même heure, de sa Chambre, qui est au second étage, elle entendit une voix plaintive venant de la Boutique du Sieur Calas ; cette voix crioit, *ah mon Dieu ! on m'assassine, on m'étrangle*. Il est prétendu que le Sieur Cazelles a fait aussi une déposition semblable, mais les Calas ne se rappellent pas que ce Témoin leur ait été confronté.

Pour juger du mérite de ces dépositions, on supplie la Cour de ne point perdre de vue que, lorsque Gorce se rendit chez le Sieur Calas, ce qu'il fit vers les neuf heures & demi du soir, le corps de Marc-Antoine Calas étoit sans palpitation, froid de tous ses membres ; que quand on lui ouvroit la bouche, elle se refermoit comme par ressort ; & que tout cela fit juger qu'il étoit

* *Nota.*

mort depuis long-temps : ces faits sont établis par la déposition du Sieur Gorce, du Sieur Brousse, du Sieur Delpech & de quelques autres.

De-là que le corps de Marc-Antoine Calas fut trouvé à neuf heures & demi dans un état à faire juger qu'il étoit mort depuis long-temps; cette voix que les Témoins, dont on vient de rapporter les dépositions, disent avoir entendu à neuf heures & demi du soir, crier *au Voleur*, à *l'Affassin, on me tue*, ne pouvoit pas être celle de Marc-Antoine Calas : aussi n'y a-t-il aucun d'eux qui ait déposé que ce fût sa voix.

Il faut donc nécessairement reconnoître que ces Témoins ont déposé faussement, ou qu'ils se sont mépris, & que les cris qui les ont frapés ne disoient rien moins que ce qu'ils ont cru entendre; c'est la seule manière dont on puisse excuser leur déposition, & il faut convenir que leur erreur n'a rien qui doive surprendre : les Auteurs qui traitent de la qualité des indices, remarquent qu'il n'y en a point de plus dangereux, ni de plus trompeur, que celui qui se prend de ce que le Témoin dit avoir oui, *Ille indicium vocis est multum fallax & periculosum* (*a*). Que dix personnes entendent le même discours, souvent il ne s'en trouvera pas deux qui s'accordent dans le rapport qu'elles en fairoient.

Les voix que ces Témoins entendirent étoient celles du Sieur Lavaisse & du cadet Calas, lorsqu'ayant trouvé l'aîné Calas pendu, ils appellèrent à hauts cris le Sieur Calas, père; c'étoit celle du Sieur Calas, père, lorsqu'étant descendu dans la Boutique, l'affreux spectacle de ce fils suspendu se présenta à sa vue. Le cadet Ca-

(*a*) *Julius Clarus pract. crim. Lib* 4, *S. fin. N°* 25

G ij

las cria, *mon pere descendez* ; peut-être auſſi dit-
il, on a aſſaſſiné, on a étranglé mon frere. Le
Sieur Lavayſſe, rempli d'horreur ne ceſſoit de
dire, *ab mon Dieu ! ab mon Dieu !* peut-être auſſi
que le Sieur Calas, qui, en deſcendant l'eſcalier,
apprit la mort de ſon fils aîné; n'étant pas enco-
informé du genre de ſa mort, ſe prit à crier dans
ce premier moment, *au Voleur, à l'Aſſaſſin.* Quel
d'entr'eux pourroit ſe rappeller quels furent ſes
cris, dans le trouble que leur cauſa ce funeſte
événement ? Des Témoins, qui étoient au ſecond étage des maiſons voiſines, ont pu d'autant plus fortement ſe méprendre ſur ces cris,
qu'ils partoient du rez de chauſſée d'une maiſon
qui étoit fermée.

Veut-on une preuve bien marquée de cette mé-
priſe ? On la trouvera dans la dépoſition de Popis :
ce Témoin entend, dit-il, crier *à l'Aſſaſſin, on me
tue;* mais au même inſtant * il entend la Dame
Calas, qui en apprenant la mort de ſon fils, fait
des cris ſi épouventables qu'il en a mal au cœur.
La Dame Calas pleure ſur la mort de ſon fils:
donc ce fils mort ne crioit pas, *à l'Aſſaſſin, au
Voleur, on m'aſſaſſine.*

Auſſi d'autres Témoins, qui à la même heure entendirent ces cris, les rapporterent bien dif-
féremment & plus conformement à la vérité.

Cazalés, autre Garçon du Sr. Maiſon, étant
dans le même endroit où étoit Popis, n'entendit
d'autres cris dans la maiſon du Sieur Calas que
ceux-ci : *ab mon Dieu ! ab mon Dieu.*

Eſpaillac, Garçon Perruquier, qui paſſoit
dans le même temps devant la Boutique du Sieur
Calas, & qui étoit bien plus à portée d'entendre
ce qui s'y paſſoit, qu'on ne l'étoit dans un ſecond

* *Nota.*

étage, n'entendit aussi qu'une personne qui frap-
poit des pieds & se plaignoit, en disant : *ah mon
Dieu*! *ah mon Dieu*.

Bertrand, Tailleur, a fait une pareille déposition.

Ajoûtons à ces observations cette réfléxion ;
que si on devoit ajoûter foi aux dépositions de
Popis, Marie Rey, la Demoiselle Pouchalon
& autres semblables, s'il y en a ; ce seroient des
Voleurs & des Assassins qui auroient étranglé &
mis à mort Marc-Antoine Calas, ce qui fairoit
la justification des Accusés. Ainsi de deux choses
l'une : ou l'on croira que ces Témoins se soient
trompés quand ils ont entendu ces cris, au Voleur, à l'Assassin, on m'assassine, on m'étrangle, & que ces cris ne pouvoient pas partir de la
bouche de Marc Antoine Calas, décédé depuis
long-temps, auquel cas leurs dépositions ne
pourroient être d'aucune considération ; ou bien
on pensera que ces Témoins se sont seulement
trompés sur l'heure à laquelle ils ont déposé avoir
entendu ces cris, & l'on pensera qu'ils les ont entendus, non à neuf heures & demi, comme ils
le disent, mais vers les huit heures ou huit heures
& demi, & peu de temps après que Marc-Antoine
Calas eut quitté la Table ; mais, dans ces suppo-
sitions, il faudra convenir que cette voix, *au Voleur, on m'assassine, on m'étrangle*, venant de Calas, assassiné, n'accuseroit pas ses parens, mais
des Voleurs ou des ennemis étrangers.

Les Calas voudroient bien sans doute, pour
l'honneur de la mémoire de leur fils, le leur
propre, & celui de la nombreuse famille qui leur
reste, que ces dépositions fussent susceptibles de
ce dernier sens ; mais ils sont forcés de croire que
cette idée ne peut être adoptée ; elle répugne ab-
solument à la Lettre des dépositions auxquelles il

n'eft permis de rien changer. Ces Témoins dé-
pofent uniformement que c'eft à neuf heures &
demie qu'ils ont entendu ces cris ; & outre cela
ils ont tous remarqué qu'*un moment après* ils virent
fortir le Sieur Lavayffe. Ce qui fert encore à
fixer invariablement le temps auquel fe rapporte
leur dépofition.

5°. Voudroit-on faire regarder comme un indice la dépofition que la nommée Domenges a
rendu depuis peu de jours ? Cette femme, dont
la fille a été fouettée & bannie par Arrêt de
la Cour, a prétendu que fa fille lui a dit que pen-
dant qu'elle étoit dans les Prifons de l'Hôtel de
Ville, étant couchée avec la Servante des Calas, celle-ci lui avoit déclaré que Pierre Calas
n'avoit point eu de part au meurtre de fon frere,
& que le Sieur Calas, pere, & le Sieur Lavayffe
avoient feuls commis ce crime. Quel cas pourroit-on faire de cette dépofition ? Il y auroit bien
de chofes à dire fur le compte de Domenge
pour faire rejeter fon témoignage ; mais il fuffit
d'obferver qu'elle ne parle que d'après fa fille, à
laquelle aucune foi ne fçauroit être ajoûtée &
dont la dépofition n'auroit pas pû être reçue ; la
peine du fouet rend le condamné incapable de
porter témoignage. *Fuftibus cæfus à teftimonio repel-
litur* (a); & il en eft de même de toute autre peine
portant note d'infamie, *L. 3, §. Lege Julia, ff.
De Teftibus.* D'où il fuit que tout ce qui pourroit
fortir de la bouche d'une perfonne infame ne fçauroit fournir le moindre indice.

C'eft à ces miféres, à ces riens, qu'on vient de
combattre, que fe réduifent les indices qu'a pû
fournir contre les Calas une Procédure faite avec

(a) Rebuf. *De reprob. Teft.* N°. 233.

tant d'appareil. Qui pourra voir fans étonnement, fans effroi, qu'un fi foible nuage ait pu former une fi violente tempête, un orage fi redoutable, fi affreux.

Dans les crimes les moins graves, où la Loi permet de juger fur des indices, elle exige que ces indices foient tels qu'il en réfulte une lumiere plus claire que le jour, une preuve qui ne puiffe laiffer aucun doute dans l'efprit du Juge : *Ut res fit indiciis ad probationem indubitatis & luce clariori- bus expedita*, Leg. ult. Cod. de Prob.

Quand même les faits dont on veut tirer les indices qu'on vient de parcourir feroient établis, en réfulteroit-il une preuve certaine, une preuve indubitable du crime imputé aux Calas? En ré- fulteroit-il cette vive lumiere, qui ne doit laiffer aucune obfcurité, aucun doute ?

1°. Suppofons qu'il fût auffi certain qu'il l'eft peu, que la porte de la maifon de Calas ait toujours demeuré fermée depuis que Marc-An- toine Calas y rentra jufqu'à ce qu'il fût trouvé mort, s'enfuivra-t-il que fes parens l'ayent fait mourir? Des Voleurs, des Ennemis n'auroient- ils pas pu fe cacher dans la maifon pour commet- tre ce crime? Marc-Antoine Calas n'auroit-il pas pu fe pendre lui-même? toutes les circonftan- ces ne démontrent-elles pas qu'il l'a fait?

2°. Quand Louis Calas, le plus jeune des fre- res, auroit reçu de fes parens quelques mauvais traitemens à l'occafion de fon changement de Re- ligion, pourroit-on en conclurre que pour une pareille caufe ils euffent fait périr leur fils aîné ? Louis Calas a changé de Religion, il a toujours été fous les yeux de fes parens, ils ne lui ont pas dreffé des embuches, ils ne l'ont pas tué quand il a voulu quitter leur maifon ; ils en ont été affligés , mais ſon pere l'a placé chez des Marchands , à qui il a payé 400 liv. pour ſon apprentiſſage; il lui a donné annuellement pour ſon entretien une penſion honnête , proportionnée à ſes facultés. Si le Sieur Calas en a ſi bien agi à l'égard de Louis Calas, nonobſtant ſon changement de Religion , il faut croire qu'en pareil cas il en auroit uſé de même à l'égard de Marc-Antoine Calas, ſon fils aîné ; ainſi cet indice, bien loin d'être contraire à ces malheureux parens, milite fortement pour leur juſtification.

3º. Point de preuve que Marc - Antoine Calas eut abandonné la Religion Proteſtante, il y étoit au contraire fortement attaché. Me. Chalier , Avocat en la Cour, ſon plus intime ami , & pour lequel il n'avoit rien de caché, a dépoſé qu'il lui avoit fait part , quelques jours avant ſa mort, du deſſein où il étoit d'aller à Geneve s'y faire recevoir Miniſtre, pour venir prêcher aux Proteſtans de France.

Les Calas ſont en état & ils offrent de prouver que Marc-Antoine Calas a fait pluſieurs voyages, notamment aux Fêtes de Noël 1760 , pour aſſiſter à des Aſſemblées de Religionnaires , y communier , ou, ſuivant leur expreſſions, y faire la Cene ; & que dans d'autres occaſions, même aſſez récentes, il s'eſt montré zélé Proteſtant.

4º. Suppoſons que Marc-Antoine Calas eut embraſſé la Foi Catholique, ſuppoſons même que ſes parens en fuſſent inſtruits, cela fourniroit-il un prétexte légitime pour leur imputer ſa mort ? Un enfant trouvé mort avoit quitté la Religion de ſes peres, donc ce ſont ſes parens qui l'ont tué. Quelle étrange conſéquence ! *Durus eſt hic ſermo, quis poteſt eum audire.*

5º. Mais le Sieur Calas avoit menacé ce fils ;

il s'étoit jacté de le tuer s'il venoit à changer de
Religion ; sa mort a donc été l'effet de cette me=
nace. Rien de plus faussement imaginé que ces
prétendues menaces, ces prétendues jactances ;
on a vu que la Procédure n'en fournit aucune
preuve ; d'ailleurs les menaces faites au Défunt
forment-elles un de ces indices qui menent à l'évidence, tels que la Loi les demande ? *Julius Claro*
ou *Clarus*, en sa Pratique criminelle, Liv. 5,
§. dernier, Quest. 21, N°. 37, après avoir fait
sur ce sujet plusieurs distinctions, témoigne que
le Senat de Milan, dont il avoit été un des membres, jugeoit le plus souvent que cet indice pouvoit suffire, non pour la conviction de l'Accusé,
mais seulement pour le faire condamner à la
Question. Menochius, qui a écrit après lui, soû-
tient au contraire, en son Traité des Présomptions,
Liv. 1, Quest. 89, N°. 59 & suivans, qu'on
ne peut pas même condamner à la Question sur
un tel indice, s'il n'est prouvé que l'Accusé, quand
il avoit fait des pareilles menaces, avoit accoû-
tumé de les mettre à exécution : or personne n'a
osé avancer que le Sieur Calas eût jamais fait
& exécuté des menaces pareilles.

Ce n'est pas d'ailleurs du sentiment des Auteurs ni des Arrêts que le Senat de Milan peut
avoir rendus, que la Cour tire le régles qui la
conduisent ; quand la Loi parle on n'a point d'autre guide à suivre ; ainsi la Loi, voulant que l'accusation soit rejetée, si elle n'est fondée au moins
sur des indices plus clairs que le jour, qui forment une preuve incontestable, *indiciis ad proba-*
tionem indubitatis ; ce seroit bien s'éloigner de sa
disposition & de son esprit que de faire subir, sur
des simples indices, à un Accusé, des tourmens
plus cruels que la mort, ainsi que le vouloient les

H

Capitouls , dont la Sentence a été caffée.

On a mille fois éprouvé que la Queftion peut perdre l'innocent & fauver le coupable, cela dépend de la différence du temperament. C'eft plutôt un effai de patience que de vérité ; auffi y a-t il plufieurs Etats de l'Europe où l'ufage en a été aboli. Telle eft l'Angleterre , telle eft la Pruffe ; il ne l'a pas encore été en France ; mais l'Ordonnance veut que pour qu'il y ait lieu à la Queftion , *la preuve* foit confidérable ; les indices ne fuffifent donc pas , il faut au moins la dépofition d'un Témoin , qui même ne fuffiroit pas fi elle n'étoit accompagnée d'autres indices. On peut voir fur ce fujet Rouffeau de Lacombe , en fes Matieres Criminelles , Partie 3 , Chap. 18 ; le célébre M. de Montefquieu , dans l'Efprit des Loix , Liv. 6 , Chap. 17 , & la Differtation du Roi de Pruffe , fur les raifons d'établir ou d'abroger les Loix , qu'on trouve à la fin du fecond tome des Œuvres de ce Monarque.

Mais c'eft trop s'étendre fur un indice qui porte fur un fait abfolument faux.

5°. L'indice, pris de ces cris : *Au Voleur* ou *à l'Affaffin, on m'affaffine, on m'étrangle*, que quelques Témoins ont dit avoir entendus à neuf heures & demie, n'eft rien : ces cris n'ont pu partir de la bouche de Marc-Antoine Calas, dont le corps étoit déjà froid comme marbre ; ce qui fit juger qu'il étoit mort depuis long-temps ; rien n'eft d'ailleurs plus fautif & plus trompeur que l'indice pris de ce que le Témoin dit avoir ouï ; & après tout, fi l'on pouvoit attribuer ces cris à Marc-Antoine Calas , ils indique oient que c'étoient des Voleurs ou d'autres étrangers qui l'affaffinoient.

A ces vains indices oppofons maintenant ceux

qui militent en faveur des Expofans, pefons-les
dans la balance de la juftice.

Mettons à part pour un moment les qualités de
pere, de mere, de frere : ne nous occupons
d'abord que des indices indépendans de ces qualités.

Le Sieur Lavayffe arrive de Bordeaux le 12
Octobre, il eft retenu le lendemain par le mauvais temps & le défaut de chevaux de louage ; le
hazard le fait paffer devant la maifon de Calas ;
le pere & fes enfans le prient à fouper : pour l'y
engager, Pierre Calas s'offre de le conduire chez
tous les Fenaffiers de la Ville, afin de lui faire
trouver un cheval : il ne peut réfifter à leurs prie-
res ; fi le Sieur Calas, fa femme & leur fecond
fils avoient formé le projet de donner la mort à
Marc - Antoine Calas auroient-ils prié le Sieur
Lavayffe à fouper ? N'auroient-ils pas au contraire voulu être feuls ? Appelle-t-on des Témoins quand on veut commettre un crime ?

Pouvoient - ils fperer que le Sieur Lavayffe fe
prêteroit à cet affreux complot ; que du moins
il garderoit un fecret éternel fur un crime fi dé-
teftable ? Qu'eft-ce qui auroit pu leur infpirer une
fi folle confiance ? Le Sieur Lavayffe étoit-il un
Scelerat, connu par des mauvaifes actions, nourri
dans le crime, un Brigand, un Affaffin de profeffion, toujours prêt à tremper fes mains dans le
fang humain ? C'étoit un jeune homme, un enfant de dix-neuf ans, né d'une famille où la vertu
eft héréditaire, d'un pere dont la Profeffion fait
l'éloge, & qui eft même plus diftingué par fa
probité que par fes talens : enfant qui avoit reçu
une excellente éducation, plein de douceur, de
fageffe, de fentimens d'honneur, cheri enfin &
eftimé de toutes les perfonnes qu'il a fréquentées.

H ij

2°. Marc-Antoine Calas à péri environ les huit heures, quelques momens après le soupé ; il a péri dans une Boutique ou Magasin, situés sur la rue la plus fréquentée ; le moindre cri qu'il eût fait pouvoit être facilement entendu des Passans, des Voisins, qui n'auroient pas manqué de lui donner ou d'appeller du secours. Ses parens, s'ils avoient voulu lui donner la mort, auroient-ils choisi cette heure & ce lieu ? N'auroient-ils pas attendu qu'il fût retiré dans sa chambre, couché, endormi ? Le premier sommeil, si difficile à vaincre, l'auroit livré à leur fureur : la Servante, profondement endormie, n'auroit été en état, ni de s'y opposer ni de s'en appercevoir.

3°. Calas est mort étranglé : ses parens l'auroient-ils fait périr de cette maniere ? L'impression de la corde suffisoit pour démontrer qu'il avoit péri de mort violente. N'auroient-ils pas trouvé plus de facilité, plus de sûreté à l'étouffer dans son lit ? On auroit pu le croire mort d'apoplexie ; il étoit d'ailleurs tant d'autres genres de mort, à l'aide desquels les Calas auroient pu se mettre à l'abri de tout soupçon.

4°. Marc-Antoine Calas a été étranglé par suspension ; ceux qui le nient, & qui prétendent qu'il a été billoté, veulent du moins qu'il ait été suspendu un moment après qu'il eut été étranglé, pour que la corde ait pû faire l'impression qu'on a trouvée aux deux côtés de ses oreilles & au derriere de sa tête ; mais si on l'a suspendu, on n'a pu le faire que pour faire entendre qu'il s'étoit détruit lui-même : & ce motif qu'on pourroit supposer dans des Assassins qui auroient voulu, par ce moyen, se mettre à l'abri des soupçons & des recherches, on ne sçauroit le prêter à ses parens, puisque leur premier, ou pour mieux dire, leur unique foin, avant que perfonne n'entrât chez eux, fut de dépendre ce malheureux fils, & de faire tous leurs efforts pour cacher qu'il eût été fufpendu.

5°. Calas étoit mort vers les huit heures, & à neuf heures & demie fon trépas n'avoit pas encore caufé la moindre rumeur au dehors; il étoit généralement ignoré, le calme, le filence regnoient parfaitement dans tout le quartier. Si les Calas avoient tué leur fils, fi le Sieur Lavayffe, en étant inftruit, avoit eû pour eux la complaifance de leur promettre le fecret, pourquoi le cadet Calas & le Sieur Lavayffe auroient-ils à neuf heures & demie, lorfque le corps de Marc-Antoine Calas étoit déjà froid, rempli la maifon des cris effrayans, qui apprirent au Public ce funefte événement ? Pourquoi auroient-ils encore fait la démarche d'aller chercher un Chirurgien ? N'auroient-ils pas au contraire été uniquement occupés à mettre en œuvre dans le filence quelque moyen pour couvrir d'un voile impénétrable la mort de Marc-Antoine Calas, ou du moins le genre & les auteurs de fa mort ?

6°. Le jeune Lavayffe fur tout, qui ne devoit pas coucher dans la maifon des Calas, ne fe feroit-il pas preffé d'en fortir avant que la mort de Marc-Antoine Calas ne fût connue ? L'heure de cette mort étant ignorée, quel prétexte les plus mauvais efprits auroient-ils pû avoir pour étendre jufqu'à lui leurs calomnieux foupçons.

7°. A la même heure, où quelques Témoins difent avoir entendu crier dans la maifon de Calas, *au Voleur, on m'affaffine*, d'autres ont entendu dans la Boutique ou dans le Magafin les pleurs & les gémiffemens des parens; d'autres les cris épouventables de la mere, lorfqu'elle apprit la

mort de son fils. Tout cela se passoit dans l'intérieur de la maison ; il n'y avoit alors que les Accusés : les pleurs , les gémissemens qui expri-
moient si bien leur douleur ne sont pas suspects
d'artifice.

8°. A tous ces indices se joignent l'état dans
lequel fut trouvé le corps de Marc-Antoine Calas & toutes les autres circonstances qui ne permettent pas de douter qu'il ne se soit défait lui-
même.

9°. Ajoûtons-y encore la maniere dont le
Sieur Calas , son épouse & leur fils cadet avoient
toujours vêcu ; il n'est point de plus fort indice
pour la justification des Accusés de quelque crime , que l'indice que forme une vie sans reproche.

Tels sont les indices qui prouvent l'innocence
des Calas ; ceux qu'on leur oppose soutiendront-
ils la comparaison ?

Que sera-ce si l'on invoque , pour la justification des Calas , la présomption qui nait de la
piété paternelle , de la tendresse d'une mere & de
l'affection d'un frere ?

On distingue , entre les présomptions , les présomptions de Droit , *præsumptiones Juris* ; & les présomptions de l'homme , *præsumptiones hominis*. Les
premieres sont celles dont la nature elle-même at-
teste la certitude , ou qui ont été spécialement ad-
mises & autorisées par quelque Loi , *quæ vel à na-*
turâ , vel à lege recepta probataque sunt , Glos. in Lege
absentum 5 , in verbo Damnari , ff. De pænis. Elles
tiennent lieu de preuve , & ne peuvent par conséquent être détruites & balancées que par une
preuve contraire.

Les secondes , les présomptions de l'homme ,
sont des conjectures que MM. les Juges tirent des

faits connus pour parvenir à la connoiſſance d'un fait incertain. Ces conjectures , purement arbitraires, ſe détruiſent par des préſomptions contraires ; elles ne peuvent jamais donner lieu à une condamnation , *nec de ſuſpicionibus debet aliquem damnari , dicta lege abſentem in princip.*

Il n'advient que trop ſouvent qu'au lieu d'éclairer le Juge, elles le précipitent dans l'erreur & deviennent fatales à l'innocence : on ne ſçauroit être trop en garde contre l'illuſion qu'elles peuvent faire à l'eſprit.

Or on a vu que les préſomptions , même de droit, ſont ſans force & diſparoiſſent vis-à-vis de la préſomption qui nait de la piété paternelle. En effet le droit naturel étant d'une autorité incomparablement ſupérieure à celle du droit civil , il faut bien que des préſomptions , autoriſées ſeulement par le droit civil , ne puiſſent rien contre celle qui a ſon fondement dans la nature. Ainſi de quel poids pourroient être des ſimples préſomptions de l'homme , toujours incertaines , ſouvent fauſſes , contre cette préſomption ſacrée qui met les peres à l'abri de tout ſoupçon du meurtre de leurs enfans ? Cette préſomption équipole à une preuve , & une preuve eſt ſupérieure à tous les indices ; il faudroit pour la détruire une preuve contraire & qui tint de l'évidence.

On ne ſçauroit trop ſupplier la Cour de péſer ſur cette conſidération. Quand quelque Loi permettroit de ſtatuer des peines ſur des ſimples indices , la Loi 3 , *ff. De his qui ante Sent. mort. ſib. conſc.* excepteroit de cette régle générale le cas où un pere eſt accuſé d'avoir donné la mort à ſon fils , & cette exception eſt trop naturelle , trop bien établie pour qu'aucun Juge voulût la méconnoître.

Les Expoſans ont encore une preuve formel-

le de leur innocence, dans le témoignage de leur
Servante & celui du Sieur Lavaysse. Vainement
a-t-on voulu les en priver, en impliquant ces
deux personnes dans l'accusation : la Cour, on
doit l'espérer, reparera cette injustice.

Enfin, les Exposans se trouvant privés, par
les vices de la Procédure faite par les Capitouls,
de tous les éclaircissemens qui auroient pû servir
pour leur justification, l'équité ne permet pas
que les Exposans souffrent des fautes de ces Magistrats ; & comme il a été déjà observé dans
leur Mémoire, la justice demande que tout ce
que ces Magistrats ont omis de vérifier, de ce
qui pouvoit servir à la décharge, soit tenu pour
vérifié ; de là il suit que quelques indices que la
Procédure peut fournir à la charge des Exposans,
il faudroit présumer qu'ils seroient tous éclipsés
par les preuves qu'on y trouveroit à leur décharge, si les Capitouls avoient procédé comme leur
devoir les y obligeoit.

DERNIERE OBSERVATION.

En raprochant quelques observations géné-
rales, dont plusieurs ont été déjà proposées,
on va former un tableau qui achevera de montrer aux moins clair-voyans l'injustice de l'accusation intentée aux Exposans.

1°. Ils furent, dit-on, conduits en prison &
écroués sur la rumeur publique ; mais cette rumeur, quand a-t-elle commencé ? Qui l'a exci-
tée ? Si elle avoit commencé avant que les Exposans n'eussent été traînés en prison ; d'où vient
qu'aucun Témoin ne l'a déposé, & qu'au contraire plusieurs ont dit que des voisins deman-
doient qui avoit tué Calas.

Supposons

Suppofons que le Capitoul eût entendu quelqu'un qui imputât la mort de Marc-Antoine Calas à fes parens, il auroit dû l'arrêter, l'interro-
ger d'office, lui demander s'il l'avoit vu ou de
qui il l'avoit appris ; il auroit été par là à la four-
ce de ce bruit ; le Calomniateur auroit été demaf-
qué ; & qui pourroit affurer que dans ce Calomniateur on n'eût pas trouvé le Meurtrier ?

2º. Pourquoi n'a-t-on pas fait recoler & confronter aux Expofans le Médecin & les Chirurgiens fur leurs Verbaux ? A-t on pu cacher aux
Expofans les faits fur lefquels ils doivent être ju-
gés ? Si ces Verbaux leur étoient contraires, il
faudroit bien qu'ils les connuffent pour pouvoir y
défendre ; ils pourroient avoir des reproches lé-
gitimes contre ceux qui les ont faits ; ils n'auroient pû les propofer que dans la confrontation.
Devoit-on leur en ôter la liberté ?

3º. Aucun Témoin n'a parlé, ni de la prétendue Affemblée, où l'on a fuppofé que la mort de
Marc-Antoine Calas avoit été déliberée, ni du
prétendu complot de fes parens pour le faire mourir, ni de la maniere dont ce complot fut exécuté. Sur quel fondement, fur quelle revélation le
Monitoire a-t-il été chargé de tous ces objets
dont on ne voit aucune trace dans la Procédure ?

4º. Sur quel fondement a-t-on répandu par
tout qu'il eft phyfiquement impoffible, que Marc-
Antoine Calas fe foit pendu lui-même ? Eft-ce
fur une vérification dont il ne confte pas aucun
Verbal ?

Comment cette vérification auroit-elle pû être
faite dans la Boutique, ainfi qu'on le dit, du
Sieur Calas plufieurs jours après que le corps de
Marc-Antoine Calas eut été enterré ? Si elle a
été faite, quelles raifons a-t-on eu pour n'en

I

point dreſſer de Procès-Verbal, & pour ne pas l'inſérer dans la Procédure.

Il faut croire que les Capitouls ont connu l'inutilité de cette vérification, & que c'eſt la raiſon unique qui les a empêchés de la conſtater. Mais s'ils en ont connu l'inutilité, on leur doit la juſtice de penſer qu'ils n'en ont point parlé dans d'autres termes. Qu'eſt-ce qui pourra donc avoir donné lieu à cette opinion, que Calas n'a pas pu ſe pendre ; opinion abſurde & dénuée de preuves, qui ſemble cependant avoir captivé la plupart des eſprits ?

5°. Combien de faux bruits n'a-t-on pas mis en œuvre pour nourrir la prévention ; diſons mieux, le fanatiſme qu'on avoit ſouflé dans l'eſprit du Peuple ? Les Calas n'eurent pas plutôt été décretés, qu'il fut dit que Louis Calas, oyant la Meſſe à la Chapelle des Chevaliers de Saint Jean, étoit tombé en extaſe à l'élévation, & s'étoit écrié : *Mon Dieu, pardonnez mes parens, qui ont fait mourir mon frere.* Dès le lendemain de l'enterrement du corps de Calas, on répand qu'il a opéré des guériſons miraculeuſes ; tantôt le bruit court qu'on avoit attiré dans une maiſon d'un des Fauxbourgs un Témoin dont on craignoit la dépoſition ; que ce Témoin, voyant qu'on fermoit les portes des chambres dans leſquelles on le faiſoit entrer, avoit prévenu un malheur plus certain, en ſe précipitant par la fênêtre ; tantôt, un autre Témoin déclare que Marc-Antoine Calas n'a pas été la premiere victime immolée à la barbare ſuperſtition de ſes parens ; qu'ils avoient un autre fils qui n'a pas paru depuis plusieurs années ; parce qu'après l'avoir tué ils l'avoient enterré dans leur cave ; tantôt un autre Témoin a vu d'une petite fenêtre, d'où

cette cave reçoit le jour, & qui répond à la
cour, le Sieur Calas, pere, pendre dans cette
cave Marc - Antoine Calas, & dépendre en-
fuite & porter le cadavre fur fes épaules, de
la cave dans le magafin ; tantôt les parens des
Accufés ont voulu prévenir leur condamnation
en les faifant périr par le poifon qu'ils avoient
fait répandre fur leur foupe ; tantôt les Accufés
ont entrepris de s'évader ; on leur avoit fait tenir
des limes pour brifer leurs fers, l'ouvrage même
étoit déjà avancé lorfqu'ils ont été furpris par
la vigilance de leurs Surveillans ; une autre fois,
le Sieur Calas, pere, a tenté de fe faire couper
la gorge en pouffant la main du Barbier qui
le rafoit. Que n'a-t-on pas ofé inventer fur le
compte du Sieur Lavayffe ? On ne falira pas cet
Ecrit de ces calomnies, dont l'abfurdité égale
l'atrocité : on craindroit de fe rendre complice
de cette horrible diffamation. Enfin ces derniers
jours, la Servante des Calas fut attaquée d'une
vapeur, auffi-tôt on affura de tous côtés qu'elle
étoit morte, que fon corps avoit été ouvert, &
qu'on y avoit trouvé le poifon dont elle avoit
peri.

Toutes ces impoftures auroient dû faire connoître aux Capitouls, comme elles en convaincront
la Cour, que des Ennemis fecrets des Calas leur
ont fufcité cette accufation, en excitant contre
eux le zéle du Magiftrat par une furprife faite à
fa religion. Que pour la foûtenir, cette accufation, ils n'ont ceffé d'empoifonner l'efprit du
Public ; de fomenter, d'entretenir fes clameurs,
afin que perfonne ne penfât que des Accufés fi
généralement décriés pouvoient être innocens.

6°. Dans une Procédure compofée de plus de
cent cinquante Témoins, il n'y en a qu'un pe-

I ij

tit nombre qu'on ait cru trouver dans le cas d'être confrontés ; & dans ce petit nombre il n'y en a pas un seul dont la déposition ait rien de considérable ; cependant quels sont la plupart de ces Témoins ? Des gens de la lie du Peuple , de qui on attendoit des dépositions foudroyantes ; mais qui heureusement pour les Exposans , n'ont pas osé soûtenir à la face de la Justice les mauvais propos qu'ils avoient tenus dans le Public , ou qui leur avoient été suggerés.

Cette circonstance est bien propre à convaincre la Cour de la fausseté de l'accusation. A peine fut-elle intentée qu'on entendit de tous côtés une Populace effrenée crier que les Calas avoient tué Marc-Antoine Calas , leur fils , & demander qu'ils fussent livrés au supplice. N'est-ce pas une chose admirable que , malgré cette prévention générale , parmi tant de Furieux , dont la plupart ont sans doute déposé , il ne s'en trouve aucun qui ait eu le courage d'accuser ouvertement les Calas ? *Digitus Dei hic est.*

Combien peu de personnes si elles avoient eu le malheur d'être accusées d'un pareil crime , & qu'au défaut de preuves on recherchât leur vie comme on a fait celle des Calas , que les ménaces ou même les châtimens dont elles auroient voulu corriger leurs enfans , leur fussent imputés comme des indices sinistres ; combien peu pourroient se flater , avec la plus grande innocence , d'échaper aux traits de la calomnie ?

7°. Quand il a été craint que le relaxe du Sieur Lavaysse & de la Servante des Exposans ne les fit rentrer dans la classe des Témoins , & convertir leur interrogatoire en dépositions : quels indignes moyens n'ont-ils pas été mis en œuvre pour l'empêcher ?

Il a été répandu que la Servante, cette Catholique zélée, avoit embraffé la Religion Proteftante, & que depuis qu'elle eft dans les Prifons elle n'a pas affifté à la Meffe.

Et contre le Sieur Lavayffe, quelles calomnies n'a-t-on pas femées? La moindre eft d'avoir fuppofé qu'il n'avoit quitté la Ville de Bordeaux que pour fe dérober aux fuites dangereufes d'une prétenduë accufation où ils le fuppofoient impliqué.

Voyant que ces calomnies n'affectoient perfonne; que d'ailleurs les parens du Sieur Lavayffe les avoient détruites par des Certificats authentiques, la Domenge eft venuë dire que fa fille, cette fille couverte d'infamie par la peine du foüet & du banniffement qu'elle venoit de fubir, lui avoit dit tenir de la Servante des Calas, que le Sieur Calas, pere, & le Sieur Lavayffe avoient mis Marc-Antoine Calas à mort.

8°. Quand les mêmes ont vu qu'ils étoient convaincus d'impofture fur l'affreufe & impie Doctrine qu'ils avoient imputée à Calvin, qu'elle ne fe trouvoit pas dans l'Ouvrage où ils prétendoient qu'il l'avoit enfeignée; que les plus grands Prédicateurs de cette Secte ne ceffent de prêcher la tolerence & la liberté qui doit, felon eux, être laiffée à chacun de fuivre les mouvemens de fa confcience, il s'eft préfenté un Témoin, qui a revelé & dépofé avoir oüi le Sieur Lavayffe, dire que les livres des Proteftans leur permetoient de tuer leurs enfans qui abandonnoient leur Religion. Mais quel eft ce Témoin qui a fait cette dépofition fi contraire à la vraifemblance, fi marquée au coin de la fauffeté? C'eft un Soldat du Guet.

La Relation du Médecin & des Chirurgiens, celle du Sieur Lamarque, qui s'en tient à cet

égard à la premiere, & le Verbal même des Capitouls, si ce qui en a transpiré dans le Public est
véritable, justifient qu'il ne fut trouvé sur le cadavre de Marc-Antoine Calas aucune sorte de contusion ni meurtrissure, ce qui démontre avec l'évidence la plus parfaite que Calas s'est défait lui-
même. Pour repousser des preuves si convaincan-
tes, des Témoins se sont présentés dans la Famille du Guet.

On pourroit nous répondre que les Soldats du
Guet ne sont pas exclus de porter témoignage;
en général cela est vrai, mais dans ce Procès tout
Soldat du Guet est reprochable.

Les Domestiques du Juge, ses Supôts, & généralement toutes les personnes qui sont dans sa
dépendance, ne sont pas reçus à porter témoignage dans les causes où il a quelque intérêt, même
de simple affection. *Familiares Judicis repelluntur à*
Testimonio, etiam si causa non sit propria Judicis. Si
tamen Judex aliquam gerat affectionem ad causam :
c'est la Doctrine de Rebuffe, *in Tractatu de reprob.*
Test. Nº. 213 : or, comme l'enseigne, ce même Auteur, Nº. 267 & suivans, les premiers Juges ont toujours non-seulement un intérêt d'affection, mais encore un intérêt réel dans les appellations de leurs Sentences, principalement en matiere criminelle, attendu que si la Procédure étoit
cassée par quelque défaut de forme, ils courroient
le danger d'être condamnés à des dommages &
intérêts. *Quia si iniquitas Sententia probetur Judex ad*
interesse tenebitur. Idem si Sententia diceretur nulla
propter formam vel solemnitatem omissam, quia tunc
arguitur in Judicio, dolus vel lata culpa & imperitia.

D'ailleurs ces derniers Témoins, ces Soldats
du Guet, qui prétendent avoir vu une tâche noirâtre sur le corps de Marc-Antoine Calas, pou-

voient-ils juger fi cette tâche provenoit d'une murtriffure ; fi cette murtriffure étoit récente ou ancienne, quelle pouvoit en être la caufe ? Cela
n'étoit pas de leur compétence ; auffi ne l'ont-ils
dépofé que fur la foi de quelques Garçons Chirurgiens Mais ils n'ont pas été nommés, ces Garçons Chirurgiens ; fi quelqu'un de ceux qui ont
vu le cadavre de Marc-Antoine Calas a été ouï,
il aura infailliblement démenti la dépofition des
Soldats.

Ces derniers Témoins, cette fille fouettée ,
ces Soldats du Guet affortiffent bien plufieurs de
ceux qui avoient été ouïs par les Capitouls ; cet-
re Affociée de la d'Anduze ; cette femme de Be-
fiers , qui fe donnoit pour nouvelle Convertie,
quoiqu'ancienne Catholique, & qui par la décen-
ce de fes expreffions donne une fi bonne idée de
fes mœurs ; tant d'autres que leur vilité doit rendre fufpects , fur tout dans un Procès de cette
nature, où la Populace étoit pouffée par un zéle
defordonné à demander la mort des Calas, ne
pouvant croire que n'étant pas Catholiques ils
puffent n'être pas coupables. Ce n'eft pas feule-
ment au nombre des Témoins & à la teneur de
leurs dépofitions qu'on doit s'arrêter : un Juge
doit encore confidérer leur état, leur fortune,
la fituation de leur ame, les circonftances dans
lefquelles ils ont dépofé, & généralement tout
ce qui peut faire juger de la foi que peut mériter
leur témoignage. Cette régle eft puifée dans la
Loi 2, & la Loi derniere, *ff. De Teft. bus.*

Après toutes ces Obfervations, qui paroiffent
ne laiffer aucun doute fur l'innocence des Expofans, pourroient-ils avoir à craindre le fort des
Lebrun, des Langlade, des Baragnon, de tant
d'autres Malheureux , qui ayant été condamnés

fur des indices qui fembloient former un corps de preuve plus fort encore, plus infaillible que n'auroit peu l'être une preuve teftimoniale, furent recognus innocens lorfque leur mort ne laiffoit plus à leurs Juges, pénétrés de douleur, d'autre moyen de réparer cette injuftice involontaire que celui de réhabiliter leur mémoire? Non, l'Arrêt de la Cour ne groffira pas les faftes tragiques de l'innocence opprimée. *Infortunés, vous ne perirez pas*, cet augure favorable exprimé dans votre mémoire d'une maniere fi fimple, fi naturelle, mais en même-temps fi fublime, regardez-le comme un oracle de la Juftice elle-même; c'eft elle qui a infpiré votre généreux Défenfeur, qui a pénétré fon cœur, éclairé fon efprit, & conduit fa plume. La Cour ne le démentira pas, elle a trop de prudence pour fe livrer à la prévention; trop de lumiere pour s'équivoquer fur la force ou l'infuffifance des preuves, pour fe contenter de frivoles indices dans un cas où la Loi exclut toute préfomption, même celle de droit; trop d'entrailles pour n'être pas fenfible à la fituation d'un pere & d'une mere, accufés d'avoir tué leur fils aîné; d'un frere accufé d'être entré dans cet affreux complot; trop de juftice & d'équité pour n'écouter pas la loi de la nature, qui parle fi hautement pour leur juftification: *Numquam aliud natura, aliud fapientia dixit* . . . Juvenal, Sat. 14.

HOMINES AD DEOS NULLA RE PROPIUS ACCEDUNT QUAM SALUTEM HOMINIBUS DANDO, Cic. Orat. pro Ligar.

DUROUX, fils.

www.ingramcontent.com/pod-product-compliance
Lightning Source LLC
Chambersburg PA
CBHW070933280326
41934CB00009B/1856